COMO ENSINAR
crianças a conviver

Dados Internacionais de Catalogação na Publicação (CIP)
(Câmara Brasileira do Livro, SP, Brasil)

Segura, Manuel
Como ensinar crianças a conviver / Manuel
Segura ; tradução de Jacob Alberto J. Pierce. –
Petrópolis, RJ : Vozes, 2009.

Título original: Enseñar a convivir no es tan
difícil – para quienes no saben qué hacer con sus
hijos o con sus alumnos
Bibliografia.
ISBN 978-85-326-3777-2

1. Crianças – Conduta de vida
2. Crianças – Convivência 3. Relações interpessoais
I. Título.

08-09943 CDD.158.2

Índices para catálogo sistemático:

1. Crianças : Relacionamentos humanos : Psicologia 158.2

MANUEL SEGURA

COMO ENSINAR crianças a conviver

Tradução de Jacob Alberto J. Pierce

EDITORA VOZES
Petrópolis

Título original espanhol: Enseñar a convivir no es tan difícil – Para quienes no saben qué hacer con sus hijos o con sus alumnos

Direitos de publicação em língua portuguesa:
2009, Editora Vozes Ltda.
Rua Frei Luís, 100
25689-900 Petrópolis, RJ
Internet: http://www.vozes.com.br
Brasil

Diretor editorial
Frei Antônio Moser

Editores
Ana Paula Santos Matos
José Maria da Silva
Lídio Peretti
Marilac Loraine Oleniki

Secretário executivo
João Batista Kreuch

Editoração: Dora Beatriz V. Noronha
Projeto gráfico: Victor Mauricio Bello
Capa: Omar Santos

ISBN 978-85-326-3777-2 (edição brasileira)
ISBN 978-84-330-1940-0 (edição espanhola)

Editado conforme o novo acordo ortográfico.

Este livro foi composto e impresso pela Editora Vozes Ltda.

SUMÁRIO

PRÓLOGO

A proposta deste livro é muito clara. Para prepará-lo foi suficiente prestar atenção ao que dizem alguns pais quando falam de seus filhos e não poucos professores ao falar de seus alunos mais complicados: "Não sei o que fazer com ele". É uma frase que ouvimos muito e é dita por pessoas bem diferentes.

Algumas vezes, essas queixas se referem especificamente a alguma matéria como matemática ou inglês, por exemplo, mas com muito mais frequência se referem à conduta geral da criança, do adolescente ou do jovem. Referem-se à sua indolência, à sua falta de responsabilidade, a seu caráter violento, à sua rebeldia, ao seu desprezo pelas normas que estão estabelecidas no lar ou no colégio ou instituto. Em alguns casos, podem chegar a se referir a problemas mais graves como o consumo das drogas ou a delinquência.

Para esses pais, cansados de lutar inutilmente com seus filhos, para esses professores entediados com a insolência egoísta de alguns de seus alunos, foi escrito este livro, com muito carinho.

Não se trata de um livro técnico, de psicologia, nem de materiais pensados para serem usados na aula. Existem excelentes livros sobre psicologia da educação.

Este livro que você tem em suas mãos, mesmo aconselhando alguns exercícios práticos e algumas atividades divertidas para serem realizadas com seus filhos ou seus alunos, não é um "livro de aula", e sim um livro para ler com tranquilidade, para desfrutar, para retomar as forças e encontrar novos caminhos.

O que nós queremos tentar com este livro é explicar aos pais e professores que, para que seus filhos ou alunos se tornem pessoas, temos de ensiná-los a conviver, a se relacionar bem com os outros, sem agressividade e sem manipulações, mas com eficácia e com justiça. Temos de ensiná-los a conviver com seus companheiros e conosco, e esse ensinamento não é tão difícil assim. É mais uma questão de paciência que de muita ciência, mais de senso comum que de teorias, muito mais de firmeza e serenidade que de dúvidas e concessões diante dos caprichos deles. É uma questão de amor e de alegria, apesar das dificuldades.

Ensinar a conviver não é tão difícil assim. E muitas vezes é um caminho longo e divertido, porque, dentro dessa educação em prol da convivência, e em função de uma relação sadia, temos de levar em conta quatro fatores. Primeiro, ensinar a pensar, e isso pressupõe: saber colocar bem os problemas, procurar o maior número possível de soluções alternativas para tentar solucionar esse problema, aprender a prever as consequências do que vamos fazer ou do que vamos dizer, saber nos colocar no lugar do outro e ver as coisas como ele ou ela as vê, traçar objetivos e saber planejar caminhos para atingi-los. Em segundo lugar, temos de desenvolver um julgamento moral prático para respeitar os outros, para agradá-los e para conseguir uma responsabilidade inicial. Sem essa etapa moral não teremos pessoas e sim robôs muito eficazes, ou manipuladores sem escrúpulos. Em terceiro lugar, temos de adquirir uma certa prática nas habilidades sociais básicas: saber escutar, saber pedir um favor, saber pedir desculpas eficazmente e com graça, resistir às pressões dos outros, saber apresentar uma queixa, poder negociar com eficácia e justiça. Concluindo, para poder conviver bem, temos de conhecer as nossas emoções, saber motivar-nos para agir e aprender a controlar as emoções que poderiam nos levar a exageros.

O cardápio é amplo, mas muito gostoso. Este livro foi escrito para conseguir que os nossos filhos ou nossos alunos desenvolvam esses quatro elementos da educação em prol da convivência. Lendo-o com tranquilidade e paz, e seguindo suas sugestões, trilharemos um caminho seguro e talvez ameno e alegre para esse objetivo. A experiência de muitos anos com alunos difíceis e com professores cheios de vontade de "fazer alguma coisa" por esses alunos, demonstra que o caminho indicado neste livro é um caminho seguro, oferecendo excelentes resultados e que é muito legal e muito bem aceito pelas crianças e pelos jovens.

Espero que este livro seja ameno e instrutivo para você. Foi escrito pensando em você. As soluções existem. Anime-se!

CAPÍTULO 1

Precisamos de uma inteligência específica para nos relacionar

Este livro trata, na íntegra, de como fazer para nos relacionar bem. Está redigido com simplicidade, sem mais pretensões do que ajudar um pouco os pais na educação de seus filhos e aos professores na formação de seus alunos. Ajudá-los nesse aspecto-chave da educação de filhos e alunos: justamente no aspecto de se relacionar bem com os outros e assim se tornarem pessoas. "O homem é um animal que se relaciona", disse Aristóteles[1]; saber nos relacionar bem é o que nos faz humanos.

Quatro processos na educação

É bom lembrar no início da nossa caminhada que, no campo da teoria da educação, nos últimos anos, produziram-se quatro grandes processos, e cada um deles tentava determinar qual era o fator básico de uma boa educação. Explicar aqui esses quatro processos nos dará um marco de referência e nos ajudará a ver que, do começo, educar os filhos e os alunos, embora não seja uma tarefa difícil, também não é um mistério incompreensível, mas algo que pode ser alcançado com paciência e sabendo bem a direção que queremos seguir.

Vamos lembrar esses quatro processos. O primeiro foi a descoberta da importância de *aprender a pensar*. Mais do que propor muitos conteúdos e informações, o importante é ensinar os filhos e os alunos a pensarem. Com essa filosofia surgiram vários programas internacionais que até hoje conservam toda sua vitalidade

[1] ARISTÓTELES. *Metafísica*. Madri: Gredos, 1990 [Edição trilíngue].

e eficácia: o programa de filosofia na sala de aula, de Matthew Lipman[2]; o programa para a revolução da inteligência, da Universidade de Harvard[3]; o Programa de Enriquecimento Intelectual (PEI) do Professor Feuerstein[4] em Israel; o Método Cort e os trabalhos sobre lógica fluida e pensamento lateral, de Edward De Bono[5]; as originais ideias de Howard Gardner[6] sobre as inteligências múltiplas, das quais falaremos mais adiante, e muitos outros programas. Grandes teóricos da educação chegaram a dizer que a escola do terceiro milênio, ou pelo menos do século XXI, será "a escola que ensinará a pensar", como escopo absolutamente prioritário. Nessa linha de ensinar a pensar estão os famosíssimos livros *Más Platón y menos Prozac* e *Pregúntale a Platón*, os dois de Marinoff (cf. Marinoff[7] e Gaarder[8]).

O *segundo* processo foi o do treinamento em *habilidades sociais*. Nos livros clássicos de Goldstein[9] e Michelson[10], apareceram e continuam aparecendo, a cada ano, excelentes programas e estudos sobre habilidades sociais como os fantásticos de Caballo[11] ou os excelentes de Gil e León[12] ou de Moraleda[13] ou os de Trianes[14] e

---

2 LIPMAN, M. *La filosofía en el aula*. Madri: De la Torre, 1992.

3 UNIVERSIDAD DE HARVARD. *Programa para la revolución de la inteligencia*.

4 FEUERSTEIN, R. & HOFFMAN, M. *Programa de enriquecimiento instrumental*. Madri: Bruño, 1992.

5 DE BONO, E. *Seis sombreros para pensar*. Barcelona: Granica, 1988. • *Enseñar a pensar*. Barcelona: Plaza y Janés, 1991. • *Pensamiento lateral*. Barcelona: Paidós, 1992.

6 GARDNER, H. *La mente no escolarizada*: cómo piensan los niños, cómo deberían enseñar las escuelas. Barcelona: Paidós, 1993. • *Inteligencias Múltiples*. Barcelona: Paidós, 1995. • *La inteligencia reformulada*. Barcelona: Paidós, 2001.

7 MARINOFF, L. *Más Platón y menos Prozac*. Barcelona: [s.e.], 2000. • *Pregúntale a Platón*. [s.l.]: Círculo de Leitores, 2003.

8 GAARDER, J. *El mundo de Sofía*. Madri: Siruela, 1994.

9 GOLDSTEIN, A.P. *Habilidades sociales y autocontrol en la adolecencia*. Barcelona: Martínez Roca, 1989.

10 MICHELSON, L. *Las habilidades sociales en la infancia*. Barcelona: Martínez Roca, 1987.

11 CABALLO, V.E. *Manual de técnicas de terapía y modificación de la conducta*. Madri: Siglo XXI, 1991.

12 GIL, F. & LEÓN, J.M. *Habilidades*: teoría, investigación e intervención. Madri: Síntesis, 1998.

13 MORALEDA, M. *Educar la competencia social* – Un programa para la tutoría con adolescentes. Madri: CCS, 1998.

14 TRIANES, M.V. et al. *Competencia social*: su educación y tratamiento. Madri: Pirámide, 1997.

colaboradores. Em muitos desses programas se faz questão preferencial de ressaltar os aspectos de incentivo das habilidades sociais: a distância que devemos preservar, o olhar, o tom da voz. Em alguns, o enfoque é voltado para a condução do problema, ao destacar que o domínio das habilidades sociais sempre gera um esforço positivo: a atenção e o carinho dos outros, quer dizer, o sucesso social. Outros, como Caballo, insistem mais no quesito da assertividade como centro e meta de todas as habilidades sociais. Esse me parece ser o enfoque mais profundo e mais correto. Ser assertivo quer dizer ser justo e eficaz na relação interpessoal, evitando os dois extremos o da passividade tímida (que é nos calar e não fazer nada quando deveríamos falar ou agir), e o da agressividade violenta (que é insultar ou agredir os outros, sem respeitar sua dignidade e seus direitos). Essa assertividade é o que se consegue não só com relação ao sucesso social, mas também com a satisfação pessoal profunda.

Temos que tentar ser sempre assertivos, pois é a única forma plenamente humana de se relacionar. Mas não alcançamos a assertividade apenas com um cursinho sobre os aspectos de incentivo das habilidades sociais. Vamos ver mais adiante.

O *terceiro* processo foi a descoberta da transcendência da *educação emocional*. A partir de Goleman[15] e do seu livro *Inteligencia emocional*, muitos já tentaram aplicar suas ideias para melhorar a educação emocional das crianças, adolescentes e jovens. Autores como Salovey, anterior a Goleman, Mark Greenberg com seu famoso programa "Paths", Le Doux[16] com o *Cerebro emocional*, Csikszentmihalyi[17] com *Fluir flow*, o completo *Dicionário dos Sentimentos*, de José A. Marina y M. López Penas[18], o prático *Desconócete a ti mismo*, de Güel y Muñoz[19], ou a excelente obra

---

[15] GOLEMAN, D. *Inteligencia emocional*. Barcelona: Kairós, 1996.

[16] LE DOUX, J. *El cerebro emocional*, Barcelona: Ariel/Planeta, 1999.

[17] CSIKSZENTMIHALYI, M. *Fliur, Flow*. Barcelona: Kairós, 1997.

[18] MARINA, J.A. & LÓPEZ PENAS, M. *Diccionario de los Sentimientos*. Barcelona: Anagrama 1999.

[19] GÜEL, M & MUÑOZ, J. *Desconócete a ti mismo* –Programa de alfabetización emocional. Barcelona: Paidós, 2002.

Sedúcete para seducir, de Bach e Darder[20] que vão nessa edição. Nessa mesma linha, mas com um sentido prático, de exercícios e reflexões para trabalhar com os filhos e com o alunos, eu mesmo publiquei, com a colaboração de Margarita Arcas[21], um singelo livrinho, mas que me parece muito útil, chamado *Educar as emoções e os sentimentos*. O que fica claro hoje em dia, neste campo da educação emocional, é que o trabalho educacional na família e na escola não pretende reprimir as emoções, mas conhecê-las, saber utilizá-las para o desenvolvimento e a motivação pessoal e também para aprender a controlá-las quando forem se tornar uma ameaça para nós. É um passo enorme ter introduzido seriamente o mundo das emoções no campo da psicologia e da educação. As emoções eram antigamente relegadas ao mundo da literatura e da arte.

O *quarto* processo que estamos vivendo é o que diz respeito aos valores, e principalmente aos *valores morais*. Foi uma antiga preocupação na educação que já preocupou bastante a Sócrates. Mas hoje estamos redescobrindo sua importância no nosso mundo anômico. Essa educação em valores morais, não necessariamente ligada às crenças religiosas, mereceu a atenção de Piaget[22] e a dedicação total de seu discípulo Kohlberg[23] e volta a reclamar atualmente uma atenção especial no esforço da educação. Sem referirmo-nos a Max Scheler e Hartmann, teríamos de lembrar entre nós a Aranguren[24], Fernando Savater[25], Adela Cortina[26] e tantos outros.

Cada um desses quatro processos, o de pensar, o das habilidades sociais, o emocional e o dos valores, propiciou o surgimento de programas educacionais concretos, alguns dos quais acabei de mencionar aqui. Os desapontamentos que todos nós vivemos, em maior ou menor grau, nestes últimos anos com essa

---

20 BACH & DARDER, P. *Sedúcete para seducir*. Barcelona: Paidós, 2002.

21 SEGURA, M. & ARCAS, M. *Educar las emociones y los sentimientos*. Madri: Narcea, 2003.

22 HERSH, R. et al. *El crescimiento moral*: de Piaget a Kohlberg. 2. ed. Madri: Narcea, 1998.

23 KOHLBERG, L. et al. *La educación moral según Kohlberg*. Barcelona: Gedisa, 1997.

24 ARANGUREN, J.L. *Ética y política*. Madri: Guadarrama, 1968.

25 SAVATER, F. *Ética para amador*. Barcelona: Ariel, 1993.

26 CORTINA, A. *La ética de la sociedad civil*. Madri: Alauda, 1994.

classe de programas, não são por que o programa em si fosse ruim, mas porque era incompleto. Temos ensinado, por exemplo, as habilidades sociais, e nos esquecemos do crescimento moral; com isso, às vezes, obtivemos, para nossa surpresa, "delinquentes espertos", que usavam as habilidades sociais não para se relacionarem bem e assertivamente, mas para manipular os outros. Alguns insistiram na educação emocional, mas não obtiveram muito sucesso porque aos alunos lhes faltavam as destrezas cognitivas básicas, de pensamento alternativo, ou de consequência ou de perspectiva. A diferença desses programas é que eram parciais, pois somente atentavam para um aspecto.

A solução é por aí mesmo, levando em conta os quatro aspectos, pois os quatro processos são certos e respondem a estágios básicos da educação do ser humano. Os quatro. Por isso, dentro do contexto de um programa educacional eficaz esses quatro processos têm de estar juntos. Precisamos levar em conta ao mesmo tempo o aspecto cognitivo, o emocional, as habilidades sociais e o crescimento moral. Se um desses alicerces falhar, tudo desaba. Qualquer programa simplificador não terá sucesso.

O quesito da cognição

Vamos começar pelo primeiro aspecto, pelo cognitivo. Uma das grandes descobertas da psicologia é que para nos relacionarmos bem precisamos de uma inteligência específica, não basta a boa vontade.

Howard Gardner chamou de *inteligência interpessoal* a essa inteligência específica que nos possibilita nos relacionarmos bem. Gardner[27], professor de Harvard, é o autor da teoria das *inteligências múltiplas*. Essa teoria nega peremptoriamente a ideia de uma inteligência única que sirva para tudo e que faça uma pessoa inteligente por si só. O famoso, "quociente intelectual", inventado por Binet, na França, mede duas inteligências, das oito que nós temos, segundo Gardner. Todos nós temos essas oito inteligências, pelo menos no embrião, mas o normal é termos três ou quatro mais desenvolvidas. Vamos lá.

---

[27] GARDNER, H. *La mente no escolarizada*... Op. cit.

Definição de inteligência

A definição que Gardner dá sobre o que é inteligência é muito descritiva e muito clara: "inteligência é um potencial genético que posteriormente tem de ser desenvolvido pela educação para solucionar problemas e para criar produtos novos". Tem de existir uma base genética, mas também, depois, deve existir uma educação adequada para desenvolver esse potencial. Se não tivermos muita capacidade para a música, nunca faremos grande coisa nesse campo; mas alguns têm essa capacidade e no entanto essa riqueza potencial se perde porque ninguém os educa. Mozart era um gênio, mas não chegaria aonde chegou se não tivesse tido aulas de música na corte do imperador. Por trás dos grandes pintores sempre há grandes mestres.

Muito bem, essa inteligência, por uma parte genética e por outra parte adquirida, para solucionar problemas e criar novos resultados, pode se manifestar em oito campos diferentes. O normal, como já dissemos, é que cada um de nós desenvolva mais três ou quatro dessas oito inteligências que definiremos aqui e pouco ou nada das restantes quatro ou cinco.

As duas primeiras: linguística e matemática

A *inteligência linguística* é a habilidade de usar bem o idioma materno. É a capacidade de exprimir com clareza e certeza o que a gente quer dizer. É a inteligência de que precisam os escritores para escrever com precisão e com interesse; de que precisam os professores para se fazerem entender por seus alunos; a inteligência indispensável para que os políticos saibam apresentar às populações o que querem realizar (se depois esses projetos são sinceros ou não, isso já é uma questão moral, mas o importante é que as pessoas os entendam).

A *inteligência abstrata ou matemática* é a capacidade de entender as relações abstratas. É a inteligência dos cientistas, dos matemáticos e dos filósofos. Os que não têm essa inteligência, ou a possuem em um grau muito básico, vão sofrer na escola com as matemáticas, a física e a química e, quando entrarem para a universidade, nunca deverão escolher uma carreira de ciências como biologia ou medicina.

Antes de abordarmos a terceira inteligência, temos de reconhecer, com certa surpresa, que as duas primeiras, a linguística e a matemática, são praticamente as duas únicas que temos no nosso sistema educacional atual. Não só no Ensino Fundamental, no Médio e no acesso à universidade, a língua e a matemática são o núcleo essencial de todo o nosso sistema de ensino, mas também na própria universidade continuam sendo divididas as carreiras em Ciências e Letras, embora cada vez mais complexas e incorporando mais técnicas e aplicações práticas. Não sabemos bem de onde veio essa simplificação atual do ensino de língua e matemáticas. Antes não era assim; ensinava-se também música, dança, ensinava-se a montar a cavalo, e a tecer. Foi talvez quando a escola se popularizou (não só para os ricos, como era antes), e foi decidido que o essencial era saber ler e escrever e "fazer as contas", e assim foi se desenvolvendo todo o sistema atual. Mas seja qual for a explicação, o caso é que o nosso atual sistema de ensino concentra-se quase que exclusivamente nessas duas primeiras inteligências, ignorando as outras seis.

Por sua vez, essa decisão de concentrar o ensino na língua e nas matemáticas pode explicar também o fracasso do quociente intelectual como antecipação do sucesso futuro. O sistema idealizado por Binet, na França, no começo do século XX, para medir a inteligência, baseava-se na solução de problemas quase que exclusivamente matemáticos e linguísticos, justamente porque isso era a única coisa que era ensinada nas escolas. O quociente intelectual de Binet (completado depois por Terman, pela Universidade de Stanford, por Weschler e outros), consistia em dividir a inteligência demonstrada na solução de problemas (por exemplo, uma inteligência de 12 anos), pela idade real da criança (por exemplo 10 anos), e multiplicar o resultado por 100: no nosso caso, essa criança teria um quociente intelectual de 120, que é uma excelente inteligência. No entanto, ter uma inteligência de 12 anos quando a verdadeira idade da criança é 14 anos equivaleria a ter um quociente intelectual de 85, que é modesto, embora seja normal. Muito bem, à medida que os anos se passavam, e esses testes de inteligência eram aplicados a mais pessoas, comprovou-se, com surpresa, que pessoas que tinham um quociente intelectual alto ou muito alto, mesmo que se dessem bem nos estudos, não tinham sucesso na vida; enquanto que outras com um quociente intelectual modesto, destacavam-se como empresários, jornalistas, políticos, músicos ou esportistas. A teoria de Gardner o explica muito bem: tínhamos medido somente duas inteligências, mas o sucesso na vida exige uma harmoniosa combinação de várias outras e levando em conta as oito, e não somente duas.

As quatro seguintes: espacial, cinestésica, musical e ecológica

A terceira é a *inteligência espacial.* É a capacidade genética (que posteriormente se desenvolve com o treinamento adequado), para formar um mapa mental do espaço e se localizar nele. É a capacidade de poder se orientar que têm os pilotos de avião e os marinheiros (e também os taxistas), e a capacidade de "ver" os corpos no espaço, visão de que precisam os artistas plásticos, isto é, os pintores, escultores e arquitetos. Como se vê, é uma inteligência importante do ponto de vista social.

A quarta inteligência é a *inteligência cinestésica ou corporal.* É o talento que se tem para saber lidar com o próprio corpo. Comandá-lo bem ao andar, correr, dançar, ao praticar qualquer esporte, ao usar as mãos para qualquer trabalho. É a inteligência própria dos artesãos, esportistas e dançarinos. É uma inteligência básica para poder sobreviver desde que o homem criou as primeiras ferramentas até o presente momento. Por exemplo, um bom cirurgião, além da inteligência abstrata ou científica precisaria desta inteligência cinestésica ou da habilidade manual para operar bem. Também pintar e esculpir corretamente requerem esta inteligência cinestésica, além da espacial.

A quinta é a *inteligência musical.* É a habilidade de entender e curtir a música e reproduzi-la com a própria voz ou com algum instrumento. Fica claro que tocar um instrumento com precisão requer, além da inteligência musical, a cinestésica também.

A sexta é a *inteligência natural ou ecológica.* É a capacidade que temos de nos sintonizarmos com a natureza não-humana (animais, árvores, mar, montanhas), entendê-la e saber catalogá-la.

É a inteligência dos ecologistas e dos grandes naturalistas, como Bufón ou Darwin ou o capitão Cousteau.

As duas inteligências pessoais

A sétima é a *inteligência intrapessoal*. É a capacidade natural, que posteriormente será fortalecida pela educação e pela prática, para se entender a si mesmo, controlar-se e motivar-se. Não é fácil nos entendermos a nós mesmos, não é fácil saber como somos, nem o que sentimos num determinado momento. Em alguns momentos difíceis nos é difícil achar o controle. E no trabalho e na rotina diários, é um dom maravilhoso se sabemos nos motivar a nós mesmos. Essa sétima inteligência é necessária para todos nós para saber viver. E é absolutamente indispensável para os poetas e dramaturgos, para os romancistas e psicólogos, para os psiquiatras e conselheiros.

A oitava e última é a *inteligência interpessoal*. É a capacidade de se colocar no lugar dos outros e de se relacionar bem com eles. De certa maneira, é a mesma inteligência intrapessoal, mas agora exercitada para fora: saber compreender os outros, saber ajudá-los a se controlarem, saber motivá-los quando não o estão.

Essas duas últimas, a intrapessoal e a interpessoal, são as que nos interessam mais neste livro, pois são elas as que os nossos filhos ou nossos alunos precisarão para se relacionarem e se tornarem pessoas.

Após este breve percurso pelo mundo das inteligências, deve ficar claro para nós e para os adolescentes e jovens pelos quais somos responsáveis, que ser inteligente não é só enviar uma sonda espacial para Marte, ou achar a descoberta da vacina de um vírus assassino, ou compor música como Mozart. Tudo isso indica uma grande inteligência, mas também é inteligência solucionar conflitos familiares ou internacionais; também é inteligência levar uma boa relação de casal durante toda a vida.

À guisa de conclusão, a psicologia atual já deixou claro que para nos relacionarmos bem precisamos de uma inteligência específica, a interpessoal (que pressupõe a intrapessoal) e é sobre isto que este livro versará.

CAPÍTULO 2

Para solucionar conflitos temos que saber pensar

A vida é cheia de conflitos. De certa forma, a vida *é* um conflito. Uma boa empresa não é uma empresa sem conflitos e uma boa casa não é uma casa sem conflitos, e sim a empresa ou a casa são o lugar onde os conflitos se resolvem. Amadurecemos resolvendo bem os conflitos e nos amarguramos resolvendo-os mal. Alguns deles podem ser chamados de interpessoais: são os que temos com as coisas. Como o carro que enguiça e nos deixa a ver navios no meio da estrada. Ou a máquina de lavar que se recusa a funcionar direito. Ou a chave que quebra dentro da fechadura. Ou os cadarços do sapato que quebram quando estamos com pressa. A revista cômica inglesa *Punch* publicou faz tempo um artigo bem divertido chamado "Resistencialismo". Era um deboche contra o Existencialismo: sua tese é que as coisas resistem (*les choses sont contre nous*, dizia a citação em francês fazendo escárnio dos filósofos sérios que citavam Jean Paul Sartre). Comprovava sua tese com o conhecido experimento imaginário: deixaram cair, dez mil vezes, uma torrada com manteiga e geleia, em um chão de mármore que podia ser facilmente lavável, e a torrada caiu, como se esperava, cinco mil vezes pelo lado do pão e cinco mil vezes pelo lado da geleia. Depois deixaram-na cair mais dez mil vezes, outra torrada igual desta vez em cima de um tapete persa bem caro e muito difícil de lavar e a torrada caiu todas as dez mil vezes pelo lado da geleia.

Esses conflitos com as coisas com que lidamos (e principalmente com o dinheiro que nunca alcança!) são muito frequentes e por vezes dolorosos.

Mas os piores conflitos são os interpessoais: os que temos não com as coisas, mas com as outras pessoas. Ressentimentos, ciúmes, "desgastes", incompreensões, infidelidades, mentiras, desamores. Além disso, é frequente que os conflitos não-pessoais se tornem conflitos interpessoais: não ficamos chateados com o carro que enguiça, mas com os caras da oficina que fizeram a revisão; não ficamos com raiva da máquina de lavar ou da televisão que não funciona, mas sim da pessoa que nos vendeu ou que consertou esses eletrodomésticos para nós. Não nos queixamos do pouco dinheiro que nos resta, mas culpamos a mulher, o marido ou os filhos por gastarem mais do que ganhamos entre todos. Por isso, neste capítulo e no livro todo, vamos nos referir quase que exclusivamente aos conflitos interpessoais.

Para solucionar bem os conflitos devemos saber pensar. A literatura sobre solução de conflitos é quase unânime: devemos começar por diagnosticar bem o problema, depois criar soluções alternativas e prever as consequências que teriam essas soluções alternativas. Temos de olhar o problema do ponto de vista do outro e, por último, devemos ter muito claro o que queremos conseguir e os meios que temos à nossa disposição para atingir esses objetivos. Vamos explicar mais devagar.

Pensamento causal

A capacidade de diagnosticar bem um problema, um conflito, chama-se *pensamento causal*, na terminologia de Spivack, Shure e Paltt[1], geralmente aceita. Consiste em encontrar a verdadeira explicação, em saber assinalar quais são as verdadeiras causas de um problema ou de uma situação. Muitas vezes, quando visitava a prisão por causa dos meus cursos com os internos, perguntava a alguns deles: "E você, por que está aqui?" A resposta é quase sempre a mesma: por azar. Referem-se ao azar de terem sido pegos, claro. Entre os ciganos a palavra muda: em vez de "azar" usam "sina" ("me pegaram porque essa era minha sina", ou também podem pensar de uma maneira mais profunda: "Matei o cara ou o feri porque essa era minha sina"), mas a ideia é a mesma. E não só os presos, também os alunos universitários atribuem seus fracassos nos exa-

[1] SPIVACK, G. & SHURE, M.B. *Social adjustment of young children*: a cognitive approach to solving real-life problems. San Francisco: Jossey Bass, 1974.

mes ao azar. A consequência prática de atribuir as suspensões ao azar é que esse aluno continuará vindo aos próximos exames sem estudar, mas com uma cola no bolso. Resumindo, pensamento causal é saber definir muito bem o problema e atribuí-lo a suas causas verdadeiras.

Para diagnosticar bem, o fundamental é a *informação*. Temos de saber procurar a informação necessária onde quer que ela esteja e devemos saber interpretar essa informação. Um professor, que era colega meu de faculdade, durante os primeiros dias de curso, pensou que um aluno espástico, magnífico estudante, mas que por causa de sua deficiência muscular se jogava sobre a mesa na hora da aula, o fazia porque era um bêbado que passava a noite na farra e depois vinha a dormir na aula. Ao professor faltava-lhe informação.

Pensamento alternativo

Uma vez definido o problema ou o conflito com total precisão, não devemos nos deixar levar por nenhuma das duas reações que geralmente nos vêm à cabeça: "Não posso fazer nada porque isto não tem solução", ou "isso aqui eu o ajeito na marra, no grito ou na pancada". A primeira é a reação mais inibida, passiva, tímida, fatalista, indolente e, em muitas ocasiões, acomodada e covarde. A segunda é a reação agressiva, violenta, cega, da investida: "A agressividade, diz um sociólogo francês, é a solução para quem não é capaz de achar outra solução". Mas a experiência diz (e esta ideia nos deve encher de otimismo) que sempre existe solução, sempre existem várias soluções possíveis para qualquer problema ou conflito. Pode ser que nenhuma delas seja a solução que nós queremos, o "final feliz" que sonhamos; mas há solução sim, há soluções. Teremos que escolher a melhor ou a menos ruim. Essa capacidade de imaginar diversas soluções chama-se *pensamento alternativo*, e também pode ser chamada de pensamento criativo. Claro que as soluções que inventamos deverão ser verdadeiramente alternativas. Havia um rapaz muito agressivo, de uns 15 anos, internado num centro especial para menores infratores, a quem eu tentava ensinar o pensamento alternativo. Pus este problema para ele: "Você vai com pressa por um desses corredores do centro e um colega seu, se fazendo de engraçado, fecha a passagem para você; pensa por três minutos o que você poderá fazer, mas você vai ter que me dizer pelo menos duas soluções, não uma só (e eu já sei qual será!)". Passados os três minutos, perguntei a ele pelas duas soluções e frisei que tinham de ser diferentes. Ele me respondeu: "A primeira é que vou dar uma porrada no cara e vou deixá-lo com o rosto virado ao avesso". Era exatamente a que eu esperava que ele dissesse: "A segunda é que lhe dou um chute no traseiro que vai sair voando". É claro que este rapaz ainda não tinha um pensamento alternativo. Como disse Antonio Machado[2], "de cada dez cabeças, nove atacam e uma pensa": talvez a estatística do poeta esteja um pouco exagerada, mas que há cabeças que não pensam mas que atacam isso é palpável. O rapaz ao qual apliquei o teste era assim, tinha esse tipo de cabeça.

O pensamento alternativo é, com certeza, o mais importante, o primeiro de que precisamos para atingir uma relação humana correta, ou seja, assertiva, eficaz e justa. Não apenas é necessário para encontrar soluções, uma vez que o problema é diagnosticado, mas acontece que o pensamento alternativo se faz necessário também desde o começo para diagnosticar o problema. Muitos diagnosticam por intuição, sem analisar. Dizem, por exemplo: "Isso ele disse para me azucrinar" ou "minha mulher está antipática porque a gente não foi fazer aquela viagem" ou "essa criança está revoltada porque se juntou com os piores da turma". Mas talvez as explicações verdadeiras sejam estas: isso ele disse sem perceber que poderia incomodar alguém; minha mulher está antipática porque já faz vários dias que está com dor de estômago; a criança ficou revoltada porque seus pais se separaram. É por isso que temos de usar o pensamento alternativo ao fazer o diagnóstico e não nos apegarmos à primeira reação que passar pela nossa cabeça.

Uma vez propus a um grupo de mulheres camponesas que fizéssemos um diagnóstico ou que déssemos a explicação correta sobre a conduta de um marido imaginário que antes era meigo, certinho, preocupado com seus filhos, mas que no último mês começou a chegar muito tarde a casa, com um forte cheiro de bebi-

[2] MACHADO, A. *Poesías completas, proverbios y cantares*, XXIV. Madri: [s.e.], 1990.

da e nem fala mais com sua mulher nem com os filhos. O que pode ter lhe acontecido? Pedi a elas que procurássemos possíveis explicações e que depois, com a informação que eu daria a elas, poderíamos chegar ao verdadeiro diagnóstico. Uma delas levantou a mão e disse: "A explicação é que tem outra mulher no meio dessa história". Eu disse a ela que sim, que isso era possível, mas voltei a pedir a todas que propusessem mais soluções diferentes, mas da mesma forma verossímeis. Outra levanta a mão e diz: "O senhor não precisa procurar mais explicações, Sr. Manuel, o que aconteceu foi o que nossa amiga falou". É claro que essa segunda senhora não estava aplicando o pensamento alternativo para o diagnóstico do problema, isto é, o pensamento causal.

Pensamento de consequência

O pensamento seguinte para a solução eficaz dos conflitos é o da consequência. O grande Hegel dizia que: "A maturidade humana radica na capacidade de prever as consequências dos nossos atos e de assumi-las". O pensamento da consequência nunca foi fácil, pois se trata de adivinhar o futuro, não com uma bola de cristal, mas sim imaginando, com a maior exatidão possível, quais vão ser minhas reações depois de dizer ou de fazer tal coisa, e quais serão as reações dos outros. Isso sempre foi difícil e, na atualidade, o é mais ainda, pois esta cultura audiovisual na qual existimos fez com que nos acostumássemos a pensar com os olhos muito mais do que com a cabeça. E com os olhos não se vê o futuro. Na prisão, um preso de mais de 40 anos me disse muito contente, depois que eu dei uma palestra lá sobre esses temas: "Essa questão do pensamento da consequência é maravilhoso: veja bem, podemos pensar em alguma coisa que ainda não aconteceu e que talvez não chegue a acontecer nunca, se a gente não quiser". Para ele, a palestra desse dia foi uma grande descoberta. Nos seus quarenta e tantos anos de vida nunca pensou nas consequências dos seus atos. E lá estava ele na prisão. Porque são justamente as possíveis consequências as que determinam qual a melhor solução entre todas as alternativas: será melhor a que tiver consequências mais benéficas ou pelo menos, mais aceitáveis, ou menos ruins para mim e para as outras pessoas.

Pensamento de perspectiva

Dentro da inteligência interpessoal ou inteligência específica para nos relacionar, Gardner insiste na importância do que Spivack chamava de *pensamento de perspectiva* ou capacidade de se colocar no lugar do outro, "na pele do outro". Esse é o quarto pensamento necessário para estabelecer uma boa relação, o da perspectiva. Consiste em ver as coisas do ponto de vista do outro, da perspectiva do outro. É quase a mesma coisa que a empatia e às vezes o usamos como sinônimos, mas empatia é um pouco mais: não é só ver as coisas como o outro as vê, mas sintonizar-se afetivamente como ele. Não é só compreender que alguém está contrariado porque levou uma multa de trânsito, mas sentir-me, eu também, um pouco chateado porque o meu amigo está sofrendo.

Piaget diz que antes dos seis ou dos sete anos ninguém desenvolve ainda o pensamento de perspectiva. Não é frequente ouvir uma criança de quatro anos dizer a outra criança: "Compreendo que isto que vou dizer a você poderá lhe doer ou incomodar um pouco, mas..." O ruim não é que as crianças não tenham este pensamento, o ruim é que tem muitas pessoas que aos quarenta anos ainda não conseguem se colocar no lugar do outro. Há alguns que não só não o fazem, mas que não querem fazê-lo: eu já ouvi delinquentes e a outras pessoas agressivas dizerem: "O quê! Eu vou ficar no lugar do outro se o outro não fica no meu lugar, o que é isso, rapaz?!" Pensam que ficar no lugar do outro é ceder.

Todas as estatísticas europeias, dos Estados Unidos e do Canadá, mostram, com toda clareza, que as mulheres desses países têm muito mais desenvolvido o pensamento de perspectiva que os homens. Alguns psicólogos dizem que a razão para isso é que as mulheres tomam conta de outras pessoas mais frequentemente que os homens: a mulher toma conta dos irmãos menores e também dos filhos e isso desenvolve muito a sua capacidade de ficar no lugar dos outros. Nos Estados Unidos, descobriram também que os negros têm mais bem desenvolvido o pensamento de perspectiva do que os brancos e acredita-se que seja por terem sido dominados. Às vezes, adivinhar como estava se sentindo o patrão era uma questão de sobrevivência. Por isso existem outros psicólogos, principalmente nos Estados Unidos, que defendem a teoria de que a mulher tem mais desenvolvido o pensamento de perspectiva porque também foi mais dominada. Estudos futuros vão esclarecer se é por causa de cuidar dos outros ou por terem sido dominadas; o que importa agora é que a mulher tem este sentimento de perspectiva mais desenvolvido do que o homem. E segundo os mais distintos criminologistas, como o Professor Farrington[3] de Cambridge, é por isso que a mulher comete muito menos delitos do que o homem. A estatística continua sendo a mesma dos anos 60 até hoje: a mulher comete 12% dos delitos que são contabilizados nas estatísticas dos juízes e dos policiais e o homem comete 88%. A diferença não é hormonal mas, segundo Farrington, deve-se a esse pensamento de perspectiva que a mulher desenvolveu. As consequências educacionais e sociais dessa teoria, quando for totalmente confirmada, podem ser realmente fantásticas: conseguiríamos reduzir drasticamente o nível de delinquência atual, somente ensinando aos homens, sejam eles crianças ou adultos, um pouco de pensamento de perspectiva, que não é uma qualidade feminina e sim uma característica humana, plenamente humana.

Pensamento meio-fim

O último pensamento necessário para uma boa relação, uma relação assertiva, é o pensamento chamado de meio-fim. É a capacidade que temos de nos colocar objetivos claros e de saber procurar os meios para atingi-los. Primeiro, sermos capazes de estabelecer os próprios objetivos, o que não é fácil. Segundo, sermos capazes de arrumar esses objetivos por prioridade e, para isso, precisamos de uma mente bem tranquila e de uma boa hierarquia de valores. Terceiro, saber planejar a procura pelos meios de que precisamos para alcançar esses objetivos no tempo que nos propusemos. Csikszentmihalyi[4], no seu maravilhoso livro *Fluir, Flow*

---

[3] FARRINGTON, D., apud GARRIDO & MONTORO. *La reeducación del delincuente juvenil*. Valencia: Tirant le Blanch, 1992.

[4] CSIKSZENTMIHALYI, M. *Fluir, Flow*. Barcelona: Kairós, 1997.

diz que: "Viver é ter objetivos e conviver é compartilhar objetivos". São duas ideias para serem pensadas, já que muitos de nós poderíamos pensar que viver é desfrutar e conviver é simplesmente viver sob o mesmo teto. Mas fica claro que Csikszentmihalyi tem razão, (apesar do difícil que é o seu sobrenome!)

Até para sairmos à rua precisamos planejar: para onde vamos, qual o meio de transporte que utilizaremos, de que tempo dispomos antes que as lojas fechem. Quando a gente não tem claro os objetivos perdemos muito tempo. Quando não conseguimos determinar o que é verdadeiramente importante para nós, corremos o sério risco de que o urgente nos invada: vamos fazendo o que é urgente e deixamos sempre o importante para um dia que nunca chega. Eu acho que a nossa época é um tempo de muitos meios (os meios técnicos, por exemplo, são cada vez mais frequentes em todos os campos das nossas vidas), mas não se encaixam em objetivos claros. "Não sabemos aonde vamos, mas vamos com passos de gigante", disse um sociólogo jesuíta francês, e é assim mesmo.

É verdade que, com todos esses cinco "pensamentos", o casual, o alternativo, o da consequência, o da perspectiva e o do meio-fim, poderíamos solucionar muito bem todos os conflitos, desde os mais insignificantes, os do dia-a-dia, da família, até os mais complicados da política internacional.

CAPÍTULO 3

Boas notícias: podemos melhorar

Se não tivermos esses cinco pensamentos que abordamos no capítulo anterior, podemos adquiri-los. Se os nossos filhos ou os nossos alunos não os possuem, podemos ensinar para eles. Caso já o tenhamos ou se eles os têm, podemos melhorá-los. Existem programas e técnicas eficazes para ensinar a eles e para reforçá-los[1].

Ensinar a definir uma situação

Demoramos um pouco para aprender o *pensamento causal*, ou a capacidade para diagnosticar bem um problema interpessoal porque precisamos de maturidade e objetividade. Se há um alvoroço no pátio do colégio, as explicações das crianças sobre o que aconteceu são geralmente pouco confiáveis. Confundem o real com o imaginário, prestam atenção a um detalhe e se esquecem dos outros, tendem a jogar a culpa nos seus "inimigos" e a inocentar os amigos. Não são objetivos.

Precisamos ter treinamento para nós mesmos e para eles, separar muito bem o que é um fato do que é uma opinião ou algo que imaginamos, ou um desejo, ou um medo. Numa época como a nossa, cheia de revistas do coração e de programas de televisão de fofocas temos de aprender a não dar ouvidos às falações. Temos de aprender a não acreditar em nada, nem bom, nem ruim, nem nos famosos, nos políticos ou nos esportistas, enquanto não fica demonstrado que é verdade o que se diz e que seja reconhecido por eles. Não podemos dar ouvidos ao que "dizem por aí que...",

[1] Ver, por exemplo, nosso material para trabalho em sala de aula: SEGURA, M. *Ser persona y relacionarse*. Madri: Narcea, 2002. • SEGURA, M. & ARCAS, M. *Relacionarse bien*. Madri: Narcea, 2004.

ou "deu no jornal", ou "estão dizendo por aí", ou "gente bem informada diz que..." Temos que saber procurar a informação em fontes bem confiáveis, temos que conhecer muito bem os detalhes, e pôr as palavras no contexto certo.

Para aprender este pensamento causal, podemos brincar com os nossos filhos e alunos expondo um fato (por exemplo, uma senhora que está atendendo num bar de repente dá um grito quando está servindo um cliente), e pedir a eles todas as explicações possíveis que possam dar. Podem ser: que o cliente tem o rosto vermelho, que é muito feio, que é um cantor famoso, um exibicionista, que desmaiou, que é um cara que a mulher dele achava que tinha morrido, que reconhece quem a violentou faz tempo, que é o marido que tinha desaparecido faz dois anos, que tem uma pistola na mão, que o copo quebrou na mão dela, que teve um acidente na rua e ela o viu por trás do cliente, etc. Depois, quem está comandando o jogo pensa numa explicação para o grito da tal senhora, como sendo a única verdadeira, por exemplo, que a mulher grita porque o cliente tinha soluços e ela queria lhe dar um susto para ajudá-lo. Então o pai ou o professor pede aos filhos ou aos alunos que perguntem o que quiserem e ele responderá somente "sim" ou "não" até chegarem à explicação autêntica para esse grito. Dessa forma, eles vão aprendendo que a explicação para qualquer sentimento nosso ou conduta dos outros não é a primeira que possa vir à nossa cabeça, e sim a que estiver concordando com os fatos. Temos que ter treinamento para sermos objetivos. Temos de prestar muita atenção aos detalhes, às palavras que nos dizem, ao tom com que são ditas, e ao rosto que as pessoas têm quando nos dizem essas palavras. Precisamos de *informação* e precisamos saber "lê-la" com objetividade.

Ver todas as alternativas

O pensamento alternativo também pode ser aprendido, e como é mais básico que o causal, tem de ser aprendido antes dele. De fato, já o exercitamos quando aprendemos o pensamento causal, ao ver todas as possíveis explicações alternativas para o grito daquela senhora do bar. Ou quando queremos achar a verdadeira explicação para qualquer fato. Mas precisamos do pensamento alternativo não só para procurar *explicações*, mas também é indispensável para tomar nossas *decisões*, para escolher entre as diversas possibilidades de ação que sempre temos num determinado momento. Para exercitá-lo podemos nos colocar em qualquer situação, real ou imaginária, onde seja necessário decidir e então anotar ou, entre todos, dizer o maior número possível de decisões que possam ser tomadas. Precisamos lembrar que decidir fazer nada também é uma decisão.

Por exemplo: vou no meu carro e vejo um outro carro que saiu da estrada e que está virado de cabeça para baixo junto de umas árvores com alguém dentro. O que eu posso fazer? Entre todos vamos colaborando com possíveis decisões alternativas, sejam elas boas ou ruins (depois as julgaremos e decidiremos sobre elas): posso parar meu carro e ligar do meu celular para a polícia ou para uma ambulância; se estiver muito nervoso, posso parar outro carro e pedir para ele avisar com o meu celular ou o dele; posso me aproximar dos feridos e ver se estão vivos ainda, ou se posso lhes dar cobertura; posso tirar a chave da ignição, se o carro está pegando fogo posso tentar tirá-los lá de dentro; posso ficar assustado e nada fazer, posso ir embora como se nada tivesse acontecido; posso roubá-los, enfim... Uma vez que expomos todas as possibilidades de ação que nos venham à cabeça, temos de escolher a melhor de todas. Aqui não serve o critério da informação, que era decisivo no pensamento casual; aqui precisamos de dois novos critérios que são a EFICÁCIA e a JUSTIÇA. Para decidir bem, para escolher sempre o melhor temos de procurar o que for mais eficaz e mais justo. Mais eficaz significa que é útil, que solucione o problema sem criar um outro mais complicado ainda, e que sirva para conseguir o que queremos. Mais justo significa que não fira os direitos e nem a dignidade de ninguém. Existem soluções eficazes que não são justas, como tirar o misto-quente da criança menor quando eu me esqueci de trazer o meu; ou botar na prisão a todos os dissidentes do meu regime político; ou arrasar com um país inteiro para acabar com um terrorista ou tirano. Também existem soluções justas que não são eficazes, como mandar uma carta para a nossa prefeitura, na qual nos queixamos das altíssimas taxas do município; ou gritar com o árbitro depois do jogo porque não apitou um pênalti a nosso favor.

Os nossos filhos e alunos costumam ter bem internalizado o critério da eficácia e geralmente temos de insistir com eles no quesito justiça, como veremos nos capítulos 7 e 8. Mas eles precisam e nós também precisamos ter os dois critérios muito claros, porque a decisão só será boa se ao mesmo tempo for justa e eficaz.

Prever o futuro sem bola de cristal

Desenvolver o *pensamento de consequência* exige imaginação, experiência, conhecimento do ser humano, uma certa maturidade. Precisamos aprender a pensar com a cabeça e não com os olhos, porque as consequências não se veem: calculam-se, imaginam-se. Com crianças pequenas, podemos jogar o jogo: "O que aconteceria se...?" Podemos começar com consequências físicas: o que aconteceria se aproximássemos um balão de uma chama, se não pegarmos uma fruta madura de uma árvore, se não escovarmos os dentes todos os dias, se não gastarmos o dinheiro, se não usarmos protetor quando formos à praia. A partir daí devemos passar para o interpessoal e perguntar a eles o que aconteceria se deixamos de convidar um amigo para o nosso aniversário, se criticamos alguém que não está presente, se gostamos e respeitamos os nossos avós, se dizemos sempre a verdade, se não ajudamos os nossos pais nas tarefas da casa, se sorrimos para os outros...

A televisão, a internet, os videogames, a procura pela gratificação imediata (que se vê tanto nas crianças pequenas e nos drogados e que está em todos), não facilitam muito o pensamento de consequência. Estamos nos acostumando a não ver o que pode ser visto e ficamos cegos diante do futuro, no futuro imediato e muito mais ainda para o futuro mais distante.

Aprender a ficar na pele do outro

Mas sem dúvida alguma, a mais importante condição para nos relacionarmos bem é o pensamento de perspectiva ou a capacidade de nos colocarmos na pele do outro, de olhar as coisas com os olhos do outro, como ele as enxerga. Gardner[2] diz que esse é o

[2] GARDNER, H. *Inteligencias Múltiples*. Barcelona: Paidós, 1995.

núcleo da Inteligência Interpessoal. Antes dizíamos que, como nos ensina Piaget[3], esse pensamento de perspectiva não se desenvolve nas crianças antes dos seis ou dos sete anos. Daniel Goleman[4] nos fala sobre a empatia nas crianças bem pequenas que choram quando outra criança chora na creche (ou num batismo!) e que riem quando outros riem. Mas fica claro que isso é só um contágio mecânico, e não uma sintonia emocional que se fundamenta num esforço de perspectiva, olhando os fatos e colocando-se no ponto de vista do outro. Por isso, com as crianças menores de seis anos, não é muito eficaz pedir-lhes, "ponha-se no meu lugar", como fazem alguns pais, ou "você gostaria que fizessem com você o que você está fazendo com seu coleguinha?", como fazem alguns professores. Não se sentem mal ao ouvir essas frases desse jeito, e vão se acostumando com elas, mas são incapazes de ficar no lugar do outro, principalmente se esse outro é um adulto.

Os nossos filhos e alunos podem ir aprendendo o pensamento de perspectiva, a partir dos seis anos, na brincadeira do "por quê?, porque..." estimulando-os a compreender que os outros, os seus semelhantes, costumam fazer as coisas por algum motivo, mas não como loucos. É possível perguntar-lhes, por exemplo: "Por que Nacho, que tem uma bicicleta muito boa e anda nela muito bem, quando vai ao supermercado para comprar algo que a mãe dele encomendou, não vai de bicicleta?" As crianças agressivas e impulsivas costumam responder: "Porque é um burro!, então como se explica que tendo uma bicicleta maravilhosa como essa não vá com ela". Mas precisamos saber tirar deles, com paciência, outras possibilidades: porque a bicicleta tem um pneu furado, porque está com medo de lhe roubarem a bicicleta na porta do supermercado, porque está chovendo e a rua está escorregadia, porque precisa voltar para casa com uma sacola muito grande e tem medo que possa cair, porque o supermercado está do lado da casa dele, porque vai com um amigo que não tem bicicleta... Dessa forma compreenderão que Nacho não era um burro e, colocando-se no lugar dele, compreenderão que ele teve uma boa razão para não ir de bicicleta.

---

[3] PIAGET, J. *El criterio moral en el niño*. Barcelona: Fontanella, 1971.

[4] GOLEMAN, D. *Inteligencia Emocional*. Barcelona: Kairós, 1996.

Outra forma bem divertida, não só para crianças, mas também para os adolescentes e os jovens, para praticarem o pensamento de perspectiva, é trabalhar com gibis ou com filmes. Mas isso a gente vai explicar a seguir, no próximo capítulo, assim que terminarmos com o que diz respeito ao pensamento meio-fim.

Saber o que a gente quer e planejá-lo

Para desenvolver o pensamento meio-fim, é necessário, como dissemos no capítulo anterior, ter muito claros os próprios objetivos, o que a gente quer conseguir na vida e o que a gente quer conseguir em cada momento. Traçar metas claras e possíveis de serem realizadas, que não sejam tão fáceis que acabem sendo tediosas, nem tão difíceis que nos desanimem. Parece lógico que para chegar a algum lugar, precisamos antes saber aonde vamos. Aristóteles[5] já nos disse que o objetivo final que nós traçamos é o primeiro na nossa intenção, mesmo que seja o último que executemos. Essa ideia, que nos parece lógica e que teria sentido comum, foi geralmente aceita pela filosofia ao longo dos séculos. Mas no fim do século XIX e começo do XX, desconfiou-se, em primeiro lugar por causa das denúncias de Marx e depois por causa das intuições de Freud, se as intenções que temos quando fazemos alguma coisa, de fato não estariam encobrindo intenções mais profundas, que são as que nos movem de verdade. Foram eles os verdadeiros professores da desconfiança. Porém, agora, tudo o que é verdadeiro dessas ideias está incorporado à nossa cultura e é aceito por todos nós. Voltamos a fazer questão de que os nossos objetivos, com todas as nuances que se fizerem necessárias, são fundamentais para nos motivar a agir. Sem objetivos, a gente fica paralisado, a vida acaba; viver é ter objetivos. Até o budismo, que proclama a supressão do desejo para não sofrermos, diz que existe algo chamado de: "reto desejar" e um contínuo esforço para conseguir a harmonia e a paz.

Para fortalecer esse pensamento meio-fim, precisamos, antes de mais nada, ensinar os nossos filhos e alunos a *identificar seus valores*. Todos nós agimos em função dos nossos valores. Não é

---

[5] ARISTÓTELES. *Metafísica*. Madri: Gredos, 1990.

verdade que "a atual juventude não tenha valores", como dizem alguns. É verdade que não tem os valores de vinte anos atrás, mas com certeza tem outros. O que acontece é que muitas vezes não sabe quais são esses valores que tem, e se não os conhecem não podem discuti-los, não podem questioná-los. Move-se sem saber exatamente para aonde está se movendo. Por exemplo, ela tem como altos valores, a saúde e a beleza física (e toma conta dela com esporte, cosméticos e dietas); tem como grandes valores o dinheiro e o prazer (e procura por eles sem cessar); tem como grande valor o poder; tem como grande valor o amor (e o celebra nas suas canções, embora, às vezes, não faça a distinção entre amor e sexo). É muito importante falar com ela com confiança, não impondo valores, mas esclarecendo, deixando que ela mesma se entenda sobre os valores que quer ter, pois esses valores, por definição, devem surgir de cada um deles. Nessa "identificação de valores", precisamos evitar o relativismo: tudo é importante. Vejamos um caso extremo: se alguém tivesse como valor fazer sofrer alguém, essa pessoa não seria normal, e sim um sádico. Precisamos levar em conta o esforço de toda a humanidade ao longo dos séculos para ir descobrindo o que vale de verdade, como o amor, a sinceridade, a fidelidade, a justiça, a solidariedade, a alegria, a compaixão. Ninguém discute, no quesito econômico, o valor dos diamantes e do ouro e ninguém deveria discutir, no quesito moral, o peso dos valores que acabamos de elencar. Antonia Pascual[6] escreveu um livro admirável sobre esta identificação de valores e como se faz.

Identificando os valores, identificamos os objetivos, pois como muito bem nos diz Nicolai Hartmann[7] "o que se percebe como valor, automaticamente torna-se um objetivo". O que nos falta então é ensinar as crianças, adolescentes e jovens a *planejar*. Até para sairmos de casa para passear precisamos de um plano. E nem falar se o que nos propomos é uma viagem ao estrangeiro. Quando eu disse a um interno que era muito agressivo, e que morava no centro de menores, que precisava de um planejamento até para ir à praia,

---

[6] PASCUAL, A. *Clarificación de valores y desarrollo humano*. Madri: Narcea, 1995.

[7] HARTMANN, N. apud FERRATER MORA, J. *Diccionário de Filosofía*. Barcelona: Ariel, 1994.

respondeu-me assim: "Pois é cara, quer dizer que para ir à praia eu vou precisar de um plano". Expliquei a diferença entre um plano ou mapa ou planta e o plano que tem a ver com planejar, que seria o conjunto de métodos e medidas para a execução de um empreendimento, expliquei com paciência, vimos que até para ir à praia precisaríamos saber o tempo que estaria lá, o dinheiro que precisaríamos para o ônibus e para comer um sanduíche, a roupa que levaríamos (tanto para nos banhar como para o vestir antes e depois), etc.

Dizem que o que sabe bem aonde vai chagará, mesmo que precise dar algumas voltas antes. Mas temos de planejar o melhor possível esses caminhos e essas voltas. A vida é curta e não podemos desperdiçá-la em tentativas falhas e em caminhos errados. Temos de ajudar os nossos alunos e filhos, já a partir da tenra idade, a planejar seu dia-a-dia, seu tempo de estudo, de diversão, o dinheiro que tiverem. Depois, temos de ajudá-los a escolher sua carreira, a que eles quiserem, suas amizades, suas namoradas e namorados. Precisam fazê-lo com liberdade, mas com a responsabilidade de quem tem muito claro o que quer.

A indefinição aprendida, otimismo e pessimismo

Martin Seligman[8] ficou famoso já faz alguns anos, com sua teoria da "indefinição aprendida". Constatou que misturando cachorros de rua e cachorros muito mimados e aplicando-lhes, de repente, um choque elétrico com pouca voltagem, os cachorros da rua pulavam para fora rapidamente do chão metálico onde sentiam o choque elétrico, enquanto os cachorros mimados permaneciam ali pulando e chorando mas não pulavam fora do chão metálico. A experiência foi feita várias vezes e deu os mesmos resultados. Conclusão: aprendemos a nos defender e aprendemos a não nos defender. Os cachorros mimados e superprotegidos tinham aprendido a esperar a ajuda externa e que seus donos os tirassem de todas as dificuldades. Dando um passo a mais, Seligman intitulou sua nova lei da seguinte forma: o otimismo é aprendido assim como também é aprendido o pessimismo. Para ele, o otimismo é

[8] SELIGMAN, M. *Aprenda optimismo*. Barcelona: Grijalbo, 1998.

"interpretar as dificuldades e o fracasso como um sinal de que devemos nos esforçar mais ainda". Pessimismo é "jogar a toalha diante das dificuldades que de fato podemos vencer". Desde que somos muito pequenos, e geralmente vendo o modelo dos pais, a criança se posiciona por uma ou por outra postura. Portanto, é uma tarefa muito emocionante para pais e professores ensinar otimismo. Ensinar a não jogar a toalha se podemos alcançar a meta. Ensinar a enfrentar as dificuldades e não deixar que elas nos engulam. Há muitos anos que Seligman faz isso com as equipes olímpicas dos Estados Unidos: ensina-lhes o otimismo, convence-os de que podem ganhar. Ajuda-os na autoestima, a não se deixarem vencer.

Sem dificuldade vemos a conexão entre essa teoria do otimismo e o nosso treinamento no pensamento meio-fim. Quando a gente traça um objetivo, seja ele pequeno ou grande, mesmo estando perto ou longe, temos de pensar não somente nos caminhos para consegui-lo e planejar os passos que devemos seguir, mas também não podemos nos amedrontar diante das dificuldades, não podemos ficar desanimados e sentar na metade do caminho. Temos de aprender a continuar sempre em frente até atingir esse objetivo.

CAPÍTULO 4

Aprender com gibis e filmes

Já tínhamos mencionado no capítulo anterior os gibis cômicos e os filmes, com relação ao desenvolvimento das inteligências e, especificamente, os cinco pensamentos de solução de conflitos. Vamos explicar agora, muito bem explicado, como podemos utilizar esses dois instrumentos tão divertidos para ensinar os cinco pensamentos: o causal, o alternativo, o da consequência, o da perspectiva e o do meio-fim.

Que fique claro que, desde o começo, quando falamos em gibis, também nos referimos a pequenos e divertidos romances, que podem ser muito úteis no caso de filhos ou alunos adolescentes ou jovens.

Cada história nos traz um problema

O normal é que em qualquer gibi, seja *Zipi e Zape*, ou do *Capitão Trovão*, ou de aventuras no espaço, ou viagens por florestas ameaçadoras ou travessias por enormes mares, ou sofrimentos amorosos como "novelas mexicanas", o normal, digo eu, é que, bem no começo da história, seja colocada a problemática central. O problema é que de repente os gêmeos não tenham dinheiro para fazerem umas fotos de que precisam para a carteirinha de futebol, ou pode ser que o leme do barco quebre no meio da tormenta, ou pode ser que o "rapaz" bem gato, que era o namorado da protagonista se apaixone por outra moça mais rica, que além de tudo é mais egoísta. A vida está cheia de problemas e os gibis refletem isso.

Os filhos só aprendem o que está escrito nos diálogos dos gibis onde se coloca o problema (e o resto é coberto com um papel), ou então tiram xerox para os alunos desses primeiros diálogos dos gibis em que aparece colocado o problema que será o tema central de toda a história. Às vezes existe mais de um problema, então podemos escolher o mais importante ou ir nos ocupando de todos, um a um, como explicamos a seguir. Pode ser feita uma xerox para cada aluno ou, pelo menos, uma para cada dois ou três. Quando eles lerem os diálogos correspondentes, podemos lhes perguntar: – Há algum problema aqui? – Qual é esse problema? – De que trata o problema? Com esse esforço para definir o problema, estamos exercitando o *pensamento causal*. Quanto mais exata for a definição do problema e quanto menos detalhes faltarem nessa definição, melhor. Se eles não perceberem alguns detalhes importantes, é que o problema não está bem definido e precisamos ajudálos a procurarem mais. Um exemplo para os mais pequeninos: se uma criança não convida para seu aniversário a outra criança que antes o tinha convidado, não devemos diagnosticar precipitadamente que a criança que não está convidando a outra é grossa ou burra. Pode ser que o amigo esteja doente ou tenha ido para outra cidade, ou pode ser também que tenham brigado, ou que a mãe do que convida disse a ele que só poderia convidar os primos, etc. Qualquer um desses detalhes muda a visão que se tem do problema.

Um exemplo para os mais velhos: metem na prisão um cara que roubou, com um canivete na mão, o caixa de uma lanchonete. A mulher que morava com o bandido e que agora está preso, vai morar com outro homem já que ela ficou sem meios de subsistência. Podemos pedir aos filhos ou aos adolescentes, (a estes já adultos), que definam o problema que existe, a situação que se criou, que achem a causa do problema.

Alguns dirão que a mulher é uma egoísta e uma irresponsável, outros dirão que, coitadinha, ela não tem outra saída, pois ficou sozinha. Mas se eles não perceberem, temos a obrigação de fazer com que percebam que precisamos de muito mais detalhes, de muito mais informação para poder definir com clareza o que acontece aí. Precisamos saber quanto tempo viveu junto o primeiro casal, se era um casal estável ou se fazia pouco tempo que estava convivendo; se tem filhos; precisamos saber se a mulher tem condições de arrumar um emprego; precisamos saber se existem condições de que os pais dele ou os pais dela possam ajudar financeiramente essa mulher; precisamos saber se ela conheceu agora esse outro homem ou se já existia amizade entre eles ou algo assim, etc. Definir bem a situação é procurar bem toda a informação necessária.

Ver todas as soluções

Quando se define claramente o problema, perguntamos aos filhos ou aos alunos: "E agora, quantas saídas tem o protagonista?" Precisamos fazer uma espécie de "tormenta de ideias" para achar todas as saídas que possam existir. Assim exercitamos o pensamento alternativo. No caso dos gêmeos que não tinham fotos nem dinheiro, algumas das alternativas são: pedir a grana para os avós caso os pais não queiram dar, pedir a alguém que tenha uma câmera que tire as fotos de graça, propor ao cara da loja que tire as fotos agora e que receba na semana seguinte, pedir ao professor que faça xerox das fotos deles que estão na secretaria do colégio, roubar a grana (é uma alternativa possível, embora temos de lhes ensinar que não é honesta), fazer algum trabalho para o vizinho ou a vizinha, e assim arrumar a grana... No caso do preso que foi abandonado pela mulher, as alternativas poderiam ser: esquecer a mulher e os filhos, se existem; esperar os dois anos da condenação e depois se vingar dela; pedir aos pais dele que ajudem financeiramente a nora e os netos, caso existam; falar com ela para que se separe do homem com quem está vivendo agora; pedir ao Juiz da Infância e da Juventude que tire os filhos dessa mãe e os entregue sob a custódia dos avós...

Nem todas as soluções são iguais

Analisadas todas as alternativas, passamos agora a exercitar o *pensamento da consequência.* Voltamos a analisar todas as alternativas que tínhamos mencionado (e que, oxalá, tenhamos escrito no quadro ou em algum papel), e pensamos nas possíveis consequências para cada uma delas, tanto as consequências boas quanto as consequências ruins. Justamente a alternativa que tiver maior número e peso de consequências positivas e o menor número e peso de consequências negativas será a melhor. E sendo a mais eficaz e mais justa, é essa que deveríamos escolher. No caso dos gêmeos, poderia ser pedir para alguém que tire as fotos com sua máquina. No caso do preso abandonado, poderia ser falar com a mulher dele, uma vez que tem a promessa de ajuda econômica por parte dos pais dele. Precisamos ensinar aos filhos e aos alunos, com muita paciência, que uma só consequência positiva, embora seja muito boa, não quer dizer que é a melhor solução, já que pode vir acompanhada de consequências negativas, ou seja, não eficazes ou injustas, e que a deixam sem valor. Por exemplo, ficar duas horas brincando na praia pode trazer uma consequência positiva de me divertir e de curtir com os meus amigos, mas se não coloquei protetor solar, as consequências negativas poderão ser muito dolorosas e fatais. Se o preso abandonado decide se esquecer da mulher terá alguns momentos de satisfação e de orgulho, mas essa decisão pressupõe perder seus filhos para sempre e perder a mulher também, a quem parecia amar.

Contar de novo a história mas...

Assim que acabarmos de ler ou contar o gibi, é chegada a hora de exercitar o *pensamento de perspectiva*. Trata-se de que a criança ou o adolescente que estamos ajudando a pensar, nos conte a história inteira de novo, mas como se ele ou ela fossem um dos personagens dessa história. Que conte somente o que esse personagem saberia (nem tudo o que a criança ou o adolescente sabe após ler a estória), e que possa contá-lo expressando os sentimentos de alegria, raiva, dúvida, surpresa, etc. que o personagem sente. É uma brincadeira que parece simples, mas que às vezes é difícil e sempre é muito útil para sair desse egocentrismo que está sempre presente nas crianças e que é tão tormentoso e forte nos adolescentes. Quanto mais eles souberem se adentrar na mente e no coração dos personagens, melhor. Não é fácil, mas é muito útil e divertido.

Propor alguma coisa e planejar como consegui-la

Para praticar com gibi ou historinhas o *pensamento meio-fim* temos que aproveitar uma história inteira. Os alunos ou as crianças conhecem os primeiros diálogos das historinhas, em que aparece colocado o problema, como foi feito para o pensamento casual, depois, lhes mostramos os últimos diálogos nos quais aparece o desfecho da estória. Então lhes perguntamos: "Como foi que chegamos nesse final?" Deixaremos que pensem com tranquilidade e que proponham todos os caminhos e labirintos possíveis pelos quais se poderia ter chegado à meta final. Por exemplo, se não tivéssemos utilizado para os quatro primeiros pensamentos a história dos gêmeos sem foto e quiséssemos utilizá-la para este pensamento meio-fim, começaríamos mostrando os primeiros diálogos das historinhas que trazem o cerne da problemática à tona (não têm fotos e não têm dinheiro), e depois mostramos o desfecho. Zipi entrega ao professor um envelope com duas fotos e quando ele o abre aparecem duas metades de uma só foto, onde estavam Zipi e Zape, juntos. Mas a foto não foi cortada verticalmente, como se fosse uma foto para documentos de cada um dos dois, mas foi cortada horizontalmente, sendo que numa parte estão as duas cabeças juntas e na outra parte os corpos. Perguntamos aos nossos alunos ou filhos: "O que fizeram os nossos protagonistas para chegar a este final?" Temos que deixá-los pensar um pouco. As possíveis soluções são: que juntaram dinheiro para uma foto só, os dois juntos tiraram a foto na cabine e depois a cortaram mal; ou alguém que tinha uma câmera, tirou a foto juntos e depois eles a cortaram mal; ou acharam na casa deles uma foto, onde os dois estavam em primeiro plano e poderia servir como foto para documentos e depois a cortaram mal; ou o pai deles a cortou mal para fazer uma brincadeira com eles. Todas essas são soluções possíveis e, quando pensam nelas, estão exercitando o pensamento meio-fim.

A mesma coisa com os filmes

É claro que não precisamos dizer que a mesma coisa pode ser feita com os filmes, em vez de fazê-las com gibis, ou com historinhas ou impressas ou romances. Escolhemos um filme de acordo com a idade dos nossos filhos ou alunos e a passamos na TV ou pelo computador. Pode ser um filme curto, por exemplo, um episódio de um seriado qualquer, ou um filme normal de 90 a 100 minutos. E trabalhamos da mesma forma que o gibi cômico, mas usando o controle remoto em vez da xerox. Se os seus filhos ou alunos ficam chateados porque o filme é interrompido no início, para colocar o problema, também podemos passar o filme todo de uma vez só, sem interrupções e, depois que acabar, perguntamos qual era o problema, quais as outras soluções possíveis além da do diretor do filme, e quais as consequências que teriam essas outras soluções possíveis. Com um filme podemos exercitar os quatro primeiros pensamentos, e com outro filme o pensamento meio-fim.

CAPÍTULO 5

O pensamento crítico é indispensável

Aristóteles dizia – e depois foi confirmado com muita ênfase pelo filósofo inglês Jonh Locke[1] – que, quando a gente nasce, a nossa mente é como um quadro-negro limpo, "*tamquam tabula rasa*". Com isso se contrapunham a Platão[2], que pensava que antes de nascer tínhamos visto as ideias no céu (em um lugar celeste), e depois as reconhecíamos na terra ao ver suas sombras; como um homem acorrentado numa caverna pode reconhecer, através das sombras que são projetadas na parede do fundo, as pessoas ou animais que passam pela entrada da caverna.

A concepção de Platão é mais poética e tem a ver com o mito oriental da reencarnação; no entanto, a visão de Aristóteles e de Locke parece mais realista. Embora cada um de nós nasça com capacidades e com limitações genéticas, que influenciarão muito o futuro, a mente e o coração da criança são um quadro-negro limpo. Partimos do zero, precisamos aprender tudo.

É por isso que é tão decisivo o papel dos pais e dos educadores e por isso é tão criminoso deixar a criança nas mãos de qualquer um. Parece cansativo e sem sentido repetir isso, mas o fato é que existem pais, e não são poucos, que, preocupados com o trabalho ou com viver sua própria vida, não se preocupam com o que seus filhos escrevem no quadro-negro limpo das suas vidas: tanto faz para eles se é algo sadio ou destrutivo, ou irrelevante; não captam a enorme transcendência da sua missão. A mesma coisa acontece

[1] LOCKE, J. *Ensayo sobre el entendimiento humano*. Madri: Orbis, 1985.

[2] PLATÃO. *La República o el Estado y Diálogos*. Madri: Espassa Calpe, 1972 e 1975.

com alguns professores, que estão mais preocupados com suas reivindicações que, com a marca tão profunda, para bem ou para mal, eles vão deixando em seus alunos.

Em todo caso, embora os professores sejam muito bons e cuidadosos, a rua e a televisão tentarão de todas maneiras, macular esse quadro-negro que nasceu limpo. Depois tentarão jogar por terra os valores que nós lhes ensinamos. Tentarão dar-lhes informações falsas e criar-lhes necessidades fictícias para torná-los consumidores submissos. Vão lhes facilitar respostas, muitas vezes erradas, para evitar que questionem perguntas comprometedoras e que procurem soluções por conta própria. Por isso, nenhuma educação será completa se não soubermos colocar nos nossos filhos e em nossos alunos, um bom sentido crítico que tem de ser flexível mas íntegro, que não pode se deixar comprar por promessas nem por ameaças. Desse pensamento crítico, dessa forma de aprender a ver as coisas como são e não como parecem, é do que vamos falar neste capítulo.

Os dois lados da moeda

Pessoas diferentes veem as coisas de forma diferente. E até a mesma pessoa vê as mesmas realidades de forma diferente, dependendo se for de dia ou de noite, se está chovendo ou se faz sol, segundo seu humor desse dia. Isso é assim, tanto se falamos de contemplar uma paisagem que nos cative, ou olhar uma rua bem conhecida, ou fitar a árvore que está diante da nossa casa, ou de descobrir dia após dia, o rosto da pessoa que mais amamos.

Seria quase impossível falar sobre todos os ângulos dos quais podemos observar uma moeda, mas lembremos que pelo menos ela tem dois lados bem diferentes: a cara e a coroa. Não podemos dizer que conhecemos uma moeda até que tenhamos visto os dois lados, e tenhamos verificado o país de procedência e o valor, geralmente expresso por um número. O mesmo ocorre com qualquer coisa, com qualquer pessoa, com qualquer acontecimento. Não podemos fazer um julgamento precipitadamente, e sim esperar para conhecê-la desde todos os ângulos possíveis: pelo menos, olhar o lado que eu vejo e o outro lado dos que não concordam comigo.

Para ver esse “lado oculto da lua”, que o outro vê mas que eu não vejo, precisamos saber nos colocar no lugar do outro, como insiste Gardner, e como explicamos no capítulo segundo. Principalmente em qualquer discussão que tenhamos, não devemos cair na tentação de dizer, nem sequer interiormente, “que estúpido!”, só porque ele não enxerga o problema como eu o enxergo. Pelo contrário, temos de nos esforçar para entender as razões que o outro tem que o fazem discordar de nós. Em um teste de cultura geral, perguntamos aos alunos de um instituto que se localizava numa grande cidade de Andaluzia, entre outras muitas perguntas de matemática, língua, história, etc, esta questão elementar de física: “Qual é a máquina mais simples?” No papel vinha uma linha só para preencher, para a resposta que, naturalmente era a alavanca. Mas um aluno escreveu com letra bem pequenininha: “a máquina de costurar”. Pensamos que era uma brincadeira, mas ele mesmo colocou uma nota de rodapé no teste explicando-o da seguinte forma: “Porque até minha mãe a entende”. Foi assim que entendemos por que ele escolheu essa resposta de forma tão errada.

Errada sim, sem dúvida alguma. Porque ficar no lugar do outro não nos obriga a dar sempre a razão para ele, somente quando a tiver. O teste serve para entender o aluno e ajudá-lo a reafirmar sua opinião ou mudá-la. Também nos serve para antecipar suas razões numa discussão, quer dizer, para imaginarmos antecipadamente, o que ele vai responder, e como vai reagir diante das nossas razões.

O método mais simples utilizado para ver os dois lados da moeda costuma ser o de ver primeiro os prós e depois os contras de qualquer produto ou de tomar qualquer decisão. Mas o processo é mais rico, se consideramos os prós e os contras que eu vejo e os prós e os contras que os outros veem também.

Ver os dois lados da moeda, colocando-nos no lugar dos outros, pode nos ajudar muito para vencer uma discussão e convencer o outro. Ao dizer isso, temos a certeza, primeiro, de que estamos convencidos de que temos razão e, segundo, de que não queremos enganar ninguém. Mas esse assunto abordá-lo-emos quando falarmos sobre o aspecto moral das nossas relações com os outros.

A propaganda

Qualquer um que tiver paciência de escutar a propaganda comercial pelo rádio, ou na televisão, sem mudar o canal, sabe que a publicidade tem seus "truques". Nossos filhos e nossos alunos, devem ser informados da existência desses truques o mais rápido possível. Os principais são os seguintes:

1. A técnica do rebanho

Erich Fromm[3] afirmou magistralmente em seu livro *O medo à liberdade*, que o desejo mais profundo de todos os seres humanos é o de se relacionar e, como consequência, o pior medo que podemos padecer é o da solidão, estarmos sozinhos, isolados. Estarmos sozinhos, sem ninguém que nos ame e sem amar ninguém é uma experiência tão arrasadora que pode levar ao suicídio ou a gravíssimas doenças mentais. Precisamos nos sentir junto aos outros, fazendo parte de um todo, e não isolados. A propaganda comercial (para não falarmos da propaganda política) sabe disso e se utiliza disso para nos deixar bem mais isolados e para nos vender o que não precisamos.

É o truque do vendedor que nos diz: "Este xampu ou este queijo está sendo vendido muito ultimamente"; é o truque usado pela televisão quando nos mostra todos os jovens consumindo a mesma bebida numa festa; é o truque das agências de viagem quando querem que todo mundo viaje na Semana Santa e no verão. É o truque do negócio da moda: você precisa comprar outros sapatos, outra gravata, outra bolsa, outro terno, mesmo que os seus antigos estejam totalmente novos ainda, mas é que esses já ficaram "fora de moda". Existem grupos sociais em que é um verdadeiro pecado não ter o último telefone celular, o mais recente computador do mercado, o mais novo carro do mercado. Ou não ter lido o livro mais recente publicado. É o truque que as boates conhecem muito bem, em que não se pode falar, mas todos se sentem juntos, doidos por essa música frenética, e pelo álcool e talvez o sexo.

É claro que sair do rebanho e muito difícil, há que se ter coragem e personalidade e, em certas ocasiões, isso poderá acarretar

[3] FROMM, E. *El miedo a la libertad*. Barcelona: Paidós, 1981.

consequências ou represálias muito duras. Mas isso tudo os jovens precisam saber, pois caso decidam fazer parte do rebanho, que o façam conscientemente e com alegria, não por inércia ou covardia.

2. O truque da transferência

Este é muito simples. Foi o psicólogo norte-americano Watson quem o formulou, e assim abriu as portas para a propaganda moderna. Consiste em juntar alguma coisa boa, desejável, indiscutível e outra coisa que não é indiscutível e portanto também não é desejável por enquanto. Um xampu para o cabelo aparece nas imagens junto a uma cascata de água fresca, a flores, junto de uma mulher muito bela. O bolo de natal aparece junto a uma reunião da família no Natal. Um desodorante junto de um homem bem varonil e atraente. Um leite desnatado, a uma figura bem esguia. Uma bebida espumante a jovens alegres e cheios de vida. Uma marca de cigarros era anunciada como um "genuíno sabor americano", e outra como o charuto que os fortes e saudáveis caubóis fumam perto de muitas vacas e de lindos cavalos.

A técnica se utiliza até não poder mais, juntando crianças pequenas e simpáticas e mulheres lindíssimas com o produto que quer vender, também utiliza pessoas muito conhecidas do mundo do esporte, do espetáculo ou da música, os quais se veem consumindo com sofreguidão, ou com sucesso social, a comida, o perfume ou o carro que é anunciado na propaganda. Isso pode atingir um nível tão elevado que já contrataram jogadores de futebol, não só pelo seu valor esportivo, mas pelo valor publicitário que a sua figura pode transferir aos produtos que eles anunciam. Mas isso já nos leva para o seguinte truque, que é o do testemunho.

3. O testemunho

Esta técnica publicitária não se contenta com unir, na mesma imagem, um produto com um personagem famoso, mas esse personagem tem de falar e enaltecer com aparentemente toda a sinceridade o produto em questão. O valor dessa publicidade vai depender da credibilidade que os ouvintes ou telespectadores creditem à pessoa que fala. É claro que um anúncio sobre uma dieta ou sobre um tratamento capilar, vai ter mais impacto no público, se quem o apresentar não seja um porta-voz do fabricante ou uma bela apresentadora, mas um médico. E muito mais se for um médico famoso nessa especialidade, e muito mais se for um prêmio Nobel.

Em outras ocasiões, a credibilidade do anunciante baseia-se em motivos mais sutis. Por exemplo, uma pessoa famosa que apresenta um programa de televisão, ou que comanda um concurso, ou que participa de um seriado, fica sendo "quase da família" para muita gente: se então nos faz a propaganda de um determinado carro ou viagens a Lanzarote, Mallorca ou Varadero, muitos vão pensar que os preços e as condições de compra desses carros ou dessas viagens serão bem confiáveis, porque alguém, no qual confiamos, está assegurando-o.

Aos filhos e aos alunos devemos lhes ensinar que, não só em temas de propaganda, mas também no que lemos nos jornais, e no que ouvimos dos políticos, nas coisas que falamos com nossos amigos cada dia, precisamos distinguir sempre entre fatos e opiniões, entre realidade e aparências, entre o que é verdade e o que é inventado. Temos de explicar a eles, desde crianças, que a verdade às vezes é complexa e difícil de alcançar, mas que não é feita do que cada um de nós diz ou quer acreditar. Respeitar os outros, claro, sempre e sem exceções, mas engolir suas opiniões como verdades sem poder contestá-las, jamais. Antonio Machado[4] já o disse contundentemente e lembremos aos adolescentes e aos jovens que continuam dizendo: "Essa é a minha verdade e o contrário é sua verdade e está tudo bem", pensando que isso significa respeito e tolerância: "Sua verdade não, a verdade, e venha comigo procurar por ela; a sua você pode guardá-la com você".

4. A pressão indireta

É claro que todas as propagandas possuem alguma forma de pressão. Todas elas forçam você a comprar alguma coisa, todas fazem você ver o maravilhoso que será curtir esse carro, esse io-

---

[4] MACHADO, A. *Poesías completas*. Madri: Espassa Calpe 1990. • *Proverbios y cantares*, LXXXV [s.n.t.].

gurte cremoso, ou esses casacos tão elegantes. Se usarmos uma das três técnicas anteriormente expostas, ou qualquer outra, chegaremos à conclusão que todos os anúncios foram criados para tentar nos convencer.

Mas existe uma técnica específica que nos pressiona demais, que consiste em pôr limite a uma oferta. Esse carro sai com dois mil euros de desconto, mas somente até o fim do mês. Quando você faz seu pedido por telefone de uns CDs de música e consegue ficar entre os cinquenta primeiros colocados, além dos CDs, você receberá uma joia como presente. As liquidações só duram algumas semanas e os primeiros que chegarem levarão o melhor que houver. Hoje as televisões e as câmeras fotográficas custam a metade do preço, mas só tem à venda 150 câmeras e 60 televisões.

Resumindo, os prazos terminam e você corre o grande risco de perder sua chance. Esse tipo de propaganda consegue lhe fazer se sentir culpado se não fizer alguma coisa.

5. O humor

O humor é um instrumento maravilhoso para facilitar as relações interpessoais. Por isso, o humor na propaganda nos parece atraente, humano, inteligente. Mas o que queremos frisar agora é que não devemos nos deixar enganar, nem sequer pelo próprio humor.

Lembremo-nos dos exemplos de propaganda com humor, um extraído da TV da Inglaterra ITV, sobre o fumo, e o outro da RAI italiana, sobre uma pasta de dentes. Os dois anúncios tiveram prêmios internacionais.

O anúncio da Inglaterra mostrava um aristocrata que vinha da sua mansão no campo e sentava numa paisagem maravilhosa, junto a uma fonte cheia de nenúfares. Três rapazes de uns doze anos, com caras de grosseiros, aproximavam-se de fininho da fonte e jogavam na água um barquinho de que fazia um barulho danado. O aristocrata, nervoso, tirava do bolso um controle remoto e quando apertava o botão, um pequeno submarino saía do fundo da fonte e depois lançava um míssil que destruía o barquinho das crianças, que fugiam morrendo de medo. Então se ouvia uma voz em *off*, enquanto o aristocrata tirava do bolso uma bolsinha de fumo e começava a mexer no seu cachimbo: "Muito bem feito! Não deixe que nada o perturbe quando está saboreando seu cachimbo de... (e aqui entrava o nome do fumo)".

No anúncio italiano, uma famosíssima atriz de cinema aparecia em primeiro plano com uma rosa na mão dizendo: "Ele me deu de presente esta rosa, que é lindíssima, mas eu gostaria que ele tivesse me dado uma orquídea, não porque ela seja mais bonita, mas porque é mais cara". Aqui havia uma pequena interrupção e dizia: "Meu Deus! Eu disse alguma coisa inconveniente?" E uma voz masculina em *off* respondia: "Não, com essa boca que você tem, pode dizer o que quiser". E a atriz terminava assim: "Ah, sim, boca Colgate®" (ou uma pasta correspondente).

Nos dois anúncios e em outros parecidos (mesmo que infelizmente não sejam muitos), o humor tem um papel importantíssimo, refresca, faz sorrir, é inteligente e faz com que a mensagem seja lembrada de uma melhor forma e durante muito mais tempo. Mas, apesar de todas essas maravilhas, precisamos ter um sentido crítico e lembrar que o valor daquele fumo ou desta pasta não depende da criatividade do anúncio, e sim do que a nossa própria experiência e a das pessoas amigas ou confiáveis nos disser.

Lampejos de inteligência

Precisamos desse pensamento crítico, desse que acabamos de falar. Precisamos dele para enfrentar a propaganda comercial, para enfrentar os *slogans* políticos e para confrontar as notícias e os dados que vemos nos jornais e as pessoas com quem falamos todos os dias. Usar o pensamento crítico é saber nos deter por um momento, nos afastar da multidão que grita, que ri e que afirma as coisas sem provas, e então separar as opiniões dos fatos, as fofocas das verdades, as fofocas do que realmente aconteceu.

Para fortalecer o nosso pensamento crítico, seria ótimo que nos exercitássemos no que o De Bono[5] chamou de "pensamento lateral", que consiste em enfrentar os problemas de ângulos diferentes, imprevisíveis. São antigos e inúmeros os problemas que só podem ser resolvidos com um enfoque original. Aqui temos al-

[5] DE BONO, E. *Pensamiento lateral.* Barcelona: Paidós, 1991.

guns, mas podemos encontrar mais exemplos em livros e revistas de entretenimento.

João volta para sua casa e, ao chegar, encontra no chão sua amada Carlota morta, jogada sobre uma poça d'água e com muitos cacos de vidro ao redor dela. A solução não é que um ladrão a matou com uma jarra que tinha água, mas que *Carlota era um peixe de cores vivas e o gato jogou o aquário no chão.*

Ricardo mora no 16° andar, num grande prédio de apartamentos. Todos os dias, quando chega do trabalho, desce no 12° andar e sobe os últimos 4 andares a pé. Mas quando está chovendo ele vai direto até o 16° andar de elevador. A solução não é que o nosso protagonista deseje fazer exercícios depois de ficar horas a fio sentado no escritório, e que nos dias de chuva esteja com pressa para tirar os sapatos molhados, e sim que *Ricardo é muito baixinho e não alcança o botão do 16° andar; mas quando chove ele está com o guarda-chuva e aí sim alcança o botão do 16° andar.*

Alfredo, que é muito ordeiro, possui na sua biblioteca uma moderna coleção enciclopédica de 5 volumes. Cada volume consta de 200 folhas (400 páginas), incluindo as capas e as folhas em branco. Um dia descobre horrorizado que as traças comeram da primeira folha do tomo I até a última folha do último tomo. Quantas folhas as traças comeram? *Solução: não foram mil folhas e sim 602; as 600 dos três tomos do meio, e mais uma do primeiro e mais uma do último. Era um senhor muito ordeiro e tinha os tomos organizados da esquerda para a direita.*

Um milionário do petróleo deixa 17 carros Rolls-Royce e deixa claro no seu testamento que a metade seja para o seu filho mais velho, um terço para o segundo filho e a nona parte para o mais jovem. Os filhos não querem vender os carros e não acham uma solução sensata para o problema. *Solução: um acessor de confiança do milionário morto, junta seu BMW aos 17 Rolls-Royce. Dos 18 carros dá 9 ao filho mais velho (a metade), 6 ao segundo (um terço), e dois ao menor (uma nona parte) e tira seu BMW. Nota: na verdade, fica solucionado um problema difícil, mas não se cumpre o desejo do milionário, que era de fato impossível.*

CAPÍTULO 6

Sem educação moral não há educação

Enfoques da moral

Nos cinco capítulos anteriores falamos sobre o quesito cognitivo, em como desenvolver essa Inteligência Interpessoal que, segundo H. Gardner, é condição *sine qua non* para nos relacionarmos bem com os outros. Mas como foi dito no começo deste livro, embora essa inteligência seja usada em proveito próprio, mesmo assim não basta. Inclusive o pensamento de perspectiva ou da capacidade para ficar na pele do outro pode nos servir para manipular e até para prejudicar a pessoa que conhecemos bem, caso tivéssemos chegado a odiá-la. Um professor de Psicologia da Universidade de Valência e que os juízes consultam frequentemente sobre os processos de separação e divórcio, me dizia o seguinte: "Eu sempre acreditei em Deus, mas com meus 50 anos estou começando a acreditar no demônio". Referia-se a esse ódio, aparentemente humano, que quando se apossa dos corações dos homens e das mulheres que deixaram de se amar, leva-os a procurar a forma mais profunda e mais cruel de prejudicar o outro. Justamente por conhecerem muito bem a ex ou o ex, podem-lhe causar mais dor, atacando-os nos seus pontos mais fracos, que podem ser os filhos, a casa ou os amigos. O que acontece é que a inteligência por si só não basta, nem sequer a interpessoal, e que sempre existe um segundo elemento que é essencial para uma relação justa e humana: **a moral**. É por isso que no começo do primeiro capítulo dizíamos que não bastava o programa de "filosofia na sala de aula", nem o programa de Harvard para o desenvolvimento da inteligência, nem o PEI, nem o "pensamento lateral" de De Bono, nem a inteligência interpessoal de Gardner. Todos eles, embora sejam excelentes programas, por si só não bastam. Tem de ir junto um crescimento moral adequado, porque em cada momento precisamos de uma luz interior que nos diga não somente o que é mais eficaz (o que a inteligência faz), mas também o que é mais justo (o que faz o sentido moral). Por isso, nenhuma educação da pessoa estará completa até que essa pessoa tenha adquirido um critério moral, os valores morais.

O que é a moral?

Para entender e definir o que é a moral não precisamos nos esforçar tanto. Não precisamos de muitas discussões filosóficas. A moral é simplesmente saber o que está bem e o que está mal e sentir dentro de nós que devemos fazer o bem e evitar o mal. É termos esse sexto sentido, essa "atribuição ou sensibilidade especial", que é a única capaz de nos fazer "enxergar" os valores, segundo dizia Ortega.

Ortega y Gasset[1] nos ensinou que existem valores vitais como a saúde, a vitalidade, a energia; valores econômicos (todos os conhecemos); valores intelectuais, como a clareza, a verdade, e a precisão; valores estéticos, como a beleza, a harmonia, e a elegância; valores morais como a justiça, a sinceridade, a lealdade, a compaixão, a solidariedade e o amor.

Neste capítulo e no seguinte vamos falar desses valores morais. Vamos falar como conseguir que se tornem *valores* de verdade para os nossos filhos e alunos, ou seja, como conseguir que eles os considerem valiosos, como no campo da economia são considerados valiosos o ouro e os diamantes. Segundo Hartmann, se eles percebem a justiça, a solidariedade e o amor como valores, automaticamente esses valores serão objetivos para eles.

Dentro desse campo da filosofia moral, alguns especialistas têm se empenhado em fazer uma exaustiva distinção entre Moral e Ética. Mas não conseguem chegar a um acordo. Uns dizem que a ética é a teoria e que a moral é a prática na vida. Outros dizem que

[1] ORTEGA Y GASSET, J. *Qué es la filosofía*. Madri: Revista Occidente, 1958.

a ética é laica, puramente racional, e que a moral se baseia em crenças religiosas. A verdade é que a palavra é exatamente a mesma, uma em grego e a outra em latim, portanto cada um pode usá-las no sentido que quiser, desde que indique com clareza o sentido que ele lhes dá. Para nós, as duas palavras são praticamente a mesma coisa e caso exista alguma diferença devemos entendê-la no primeiro sentido exposto: ética seria a ciência e a discussão teórica dos costumes humanos, e a moral seria a prática da retidão que se deve ter na vida. Era assim entendido por Aranguren[2], o grande mestre espanhol dessa matéria.

O enfoque religioso

O que faz com que uma ação seja moral e a outra imoral? Quem determina isso? Quem tem a potestade para determinar o que devemos fazer e o que devemos evitar? Temos vários enfoques para determinar o fundamento da moral, ou seja, qual é o último critério que determina a moralidade ou a imoralidade da nossa conduta.

O primeiro enfoque, o mais antigo e persistente, tem sido o *enfoque religioso*. Ele nos ensina que uma ação é moral porque Deus a prescreve e que uma ação é imoral quando Ele a proíbe. O silogismo ou o raciocínio aqui é muito claro em todas as religiões. Perguntamos ao crente dessa religião: "Você acredita em Deus?" A resposta normalmente será "sim", porque se fosse "não", ele já não seria crente e para ele teria acabado o fundamento religioso da moral. Depois desse "sim", os livros sagrados e as tradições religiosas dessa fé acrescentam: "E se você acredita em Deus, você deve cumprir com o que Ele manda, que é isto, isso e aquilo". E aí elencam os mandamentos dessa religião, já manifestados por Deus aos homens que tiveram um contato íntimo com Ele, aos profetas.

Essa é a história que nos traz o livro do Êxodo[3], que Moisés escreveu quando desceu a montanha: "Eu estive com Deus 40 dias e Ele nos pediu que cumpríssemos os dez preceitos que estão nestas tábuas de pedra: não roubarás, não matarás, não mentirás, não

[2] ARANGUREN, J.L. *Ética y política*. Madri: Guadarrama, 1968.

[3] Ex 19–20.

cometerás adultério, honrarás teu pai e tua mãe, etc. Como sabemos, 12 séculos depois, Jesus[4] resumiu esses dez mandamentos num único mandamento: "Amai-vos uns aos outros como eu o fiz" e com o mesmo silogismo de base: "Vós credes em Deus; muito bem, eu, a quem vós reconheceis como Filho de Deus, vos digo que o Pai quer que se amem".

O mesmo silogismo se usa no budismo. No século V a.C, o Príncipe Sidharta Gautama[5], quando foi iluminado pela divindade (isso significa Buda, "iluminado"), compreende que a solução para o sofrimento humano não é a satisfação do desejo – porque, ao satisfazer um desejo sempre surge um novo –, mas sim o fim desse desejo. Para conseguir essa supressão, essa morte total do desejo, temos de nos esforçar para atingir o reto sentir, o pensar reto e o reto agir. E o reto agir consegue-se através de cinco mandamentos que são muito parecidos com os de Moisés: não deixar que a vida se apague, não se apossar do que não lhe dão, não mentir, não manter relações sexuais ilícitas, não usar drogas. Esses mandamentos, que são a base da moral budista, não estão muito expostos por Deus, como o estão no judaísmo ou no cristianismo, (e depois no Islã); mas vemos claramente que são uma reflexão de Sidharta Gautama, iluminado pela divindade e identificado nela. Por isso, pode-se dizer que também a moral budista é uma moral religiosa.

No Islã, o caminho é o mesmo de novo. O Profeta Maomé[6] ou Muhammad, foge da Meca para a Medina, no primeiro terço do século VII d.C., e vai para uma montanha a rezar e refletir. Ali, diz ele, o anjo Gabriel lhe apareceu, o mesmo que anunciou a Maria o nascimento de Jesus, e dita-lhe o Alcorão inteiro, com ponto e vírgula. Nesse livro, além dos relatos das batalhas, das anedotas do profeta, reflexões religiosas e longas rezas, também estão os preceitos morais da fé muçulmana. Entre esses preceitos consideram-se

---

[4] Jo 15,17.

[5] ELIADE, M. El Buda. In: *Historia de la creencias y de las ideas religiosas*. Vol. II. Madri: Cristiandad, 1979, p. 81ss.

[6] ELIADE, M. Mahoma. In: *Historia de la creencias y de las ideas religiosas*. Vol III, 1. Madri: Cristiandad, 1983, p. 75ss.

fundamentais os seguintes: dizer sempre que só existe um Deus ("não existe um outro deus a não ser Alá"); fazer jejum durante um mês por ano no Ramadã, portanto não se pode comer, beber, fumar, ter relações sexuais desde o nascer do sol até que ele se põe, visitar a Meca e venerar (não adorar), a pedra negra da Kaaba; rezar cinco vezes ao dia, com o corpo voltado em direção à Meca; não beber álcool; não jogar jogos de azar; não comer porco; oferecer esmola aos pobres do Islã; colaborar com o exército se for declarada a guerra santa. Como vemos, o silogismo é o mesmo: se você acredita em Deus, você precisa cumprir o que ele ordenar por meio de seu profeta. É, novamente, o enfoque religioso da moral.

O Islã continua sendo a base, não somente da moral privada, mas também da vida social e da legislação pública dos países que professam essa religião. Também o cristianismo foi o substrato dos costumes sociais e das leis que imperavam na Europa católica, na Protestante e na América do Norte e do Sul, até a Revolução Francesa e o Iluminismo, no século XVIII.

O enfoque racionalista

Justamente com a chegada do Iluminismo é quando surge o segundo enfoque da moral: o *enfoque racionalista*. Com a perda de autoridade nas igrejas e com o rápido aumento do ateísmo e do ceticismo, já não era mais possível fundamentar a moral na palavra de Deus. Alguns temiam que a moral desaparecesse totalmente, como Dostoiévski[7] que afirmou categoricamente: "Se não acredito em Deus, posso tudo, até o canibalismo".

Mas o canibalismo não apareceu e sim a nova moral, fundamentada na razão humana, no consenso racional entre os seres humanos. Já não é mais moral o que Deus manda e imoral o que Deus proíbe, e sim será moral o que os seres humanos ajuizados e sensatos considerarem que "está bem" e será imoral o que o resto do coletivo racional humano considerar que "está mal". Esse en-

[7] DOSTOIÉVSKI, F. *Crimen y Castigo* [s.n.t.].

foque racionalista, que foi profundamente trabalhado por Kant[8] é o que está valendo atualmente na nossa sociedade e expresso de forma brilhante pela Declaração Universal dos Direitos Humanos, que foi criada há quase 60 anos pela ONU.

Por acaso, mesmo que o rompimento com a base religiosa da moral fosse algo traumático e polêmico, não se veem contradições e sim muitos pontos em comum entre esses Direitos Humanos e a moral judeo-cristã ou budista. É que a razão humana não pode estar contra uma religião sensata, nem uma religião sã pode prescrever práticas contrárias à razão.

O enfoque cognitivo-evolutivo

Muito bem, do ponto de vista didático, para a educação moral dos nossos filhos e alunos, preferimos utilizar um terceiro enfoque possível que, é claro, que também não está em contradição com os dois anteriores. É o enfoque cognitivo-evolutivo de Piaget e Kohlberg[9]. Esse enfoque foi iniciado por Piaget[10] quando se questionou se não existiriam alguns degraus, comuns a todos os seres humanos, nos quais vamos crescendo no raciocínio moral, na aquisição dos valores morais e na maturidade desse julgamento moral prático que orienta todas as nossas ações, a nossa vida inteira. Pegou milhares de arquivos referentes à conduta moral das crianças, jovens e adultos e chegou à conclusão de que, pelo menos, existem três grandes momentos de desenvolvimento moral, momentos pelos quais todos nós passamos ou deveríamos passar. Entregou todo o material e suas ideias sobre a moral ao seu discípulo, Lawrence Kohlberg, que leu, na universidade de Chicago, nos anos cinquenta, uma tese de doutorado intitulada: *O crescimento moral segundo Piaget*. Kohlberg[11] se tornou o mais famoso professor e teórico da moral do século XX. Chegou à conclusão de que são

---

[8] KANT, E. *Critica de la razón práctica*, 1788. • *La religión dentro de los límites de la mera razón*, 1793.

[9] HERSH, R. et al. *El crescimiento moral: de Piaget a Kohlberg*. 2 ed. Madri: Narcea, 1998.

[10] PIAGET, J. *El criterio moral en el niño*. Barcelona: Fontanella, 1971.

[11] KOHLBERG, L. *La educación moral según Kohlberg*. Barcelona: Gedisa 1997. Ver também sua obra básica: *The Psychology of Moral Development*: moral stages and the life cycle. São Francisco: Harper and Row, 1984.

seis os estágios do crescimento moral nos seres humanos, embora, infelizmente, nem todos cheguemos ao sexto. Vamos falar desses estágios no capítulo seguinte. Mas vamos deixar muito claro já a ideia central que distingue este enfoque cognitivo-evolutivo dos dois anteriormente abordados, o religioso e o racionalista. Essa ideia é que já não importa mais se o fundamento da palavra de Deus é o que determina a razão humana, mas que será moral aquilo que em cada etapa do crescimento, a gente enxergue como moral e será imoral aquilo que cada um de nós enxergar como imoral nas diversas etapas do seu crescimento. Tudo isso será visto a seguir.

CAPÍTULO 7

Existem degraus no crescimento moral

Os seis estágios

Como dissemos no capítulo anterior, o psicólogo suíço Jean Piaget e seu discípulo norte-americano Lawrence Kohlberg, (professor em Chicago e depois em Harvard, até sua morte), chegaram à conclusão que o crescimento moral dos homens e mulheres de todas as culturas continua numa linha ascendente, que é comum a todos. Essa linha ou caminho possui seis degraus, que vamos subindo aos poucos, e nos quais nos detemos durante alguns anos. Não podemos subi-los de dois em dois; mas às vezes podemos descer por cansaço ou desespero. Também podemos permanecer num desses degraus ou estágios com respeito a alguns valores e em outros com respeito a outros. Mas não vamos complicar as coisas antes de explicá-las; vamos então expor esses seis estágios com a maior clareza e simplicidade possíveis e depois explicamos tudo, se for o caso.

1. Heteronomia

O primeiro estágio foi chamado por Lawrence Kohlberg de heteronomia. Como seu nome o diz, é um período de tempo em que a lei moral se impõe ao sujeito através dos *outros*. Corresponde, normalmente, aos cinco ou aos seis primeiros anos de vida, embora alguns fiquem mais tempo nesse estágio. A criança não sabe o que está bem, nem o que está mal (não possui ainda consciência moral): tenta de tudo, testa de tudo, até que os seus pais, geralmente, a mandam parar. Puxa os cabelos dos outros, ou cospe neles, enfia os dedos na tomada, numa loja ou na casa de um amigo, pega o que gosta, mesmo que não seja seu, joga objetos na rua e, se atinge alguém, não é responsabilidade dela, e sim dos pais dela. Aos poucos, e com técnicas no sentido do esforço, castigo ou ameaça, ela vai fazendo a distinção entre o que pode e o que não pode fazer, mas isso é porque os outros o dizem e não porque ela o perceba. É um trabalho bem cansativo e que requer paciência por parte dos pais para repetir à criança: "Não faça isto, não diga, não grite, não pule, não bata, não incomode, coma isso, desligue a TV, vai para a cama". É uma rotina que todos os pais conhecem e que Serrat cantou. O ruim disso tudo é que há adultos que ficam nesse estágio pelo resto da vida. São os delinquentes sem moral que fazem de tudo até que os mandam parar (e já não são os pais, mas a polícia, quando são surpreendidos a tempo). É um pouco desagradável dizer que as crianças e os delinquentes estão no mesmo estágio moral. Na verdade, as crianças vivem uma heteronomia que é pré-moral e passageira e os delinquentes vivem uma heteronomia que é amoral e, em muitas ocasiões, definitiva.

2. Individualismo

O segundo estágio do crescimento moral, segundo Lawrence Kohlberg, é o *individualismo*. Começa por volta dos seis anos, quando a criança descobre as regras do jogo e, com elas, a primeira regra moral, que é a lei de Talião. De fato, antes dos cinco ou seis anos, as crianças não conseguem entender as regras dos diferentes jogos. Se brincam de esconder, olham enquanto contam; se brincam com os dados, querem sempre elas jogarem os dados, se jogam futebol, batem na bola com a mão como se fosse normal. Mas os adultos, ou frequentemente, seus amigos mais velhos, lhes mostram que se não respeitarem as regras não poderão jogar: "Senta aqui enquanto a gente joga, porque você é muito criança ainda". Finalmente eles compreendem as regras e entendem que se não as cumprirem não poderão jogar. Então, como acontece com os neoconvertidos, ficam fanáticos por essas regras e exigem que todos as cumpram de qualquer jeito.

Ao descobrir as regras do jogo, também descobrem a lei de Talião, que é a primeira regra moral. Essa lei tem má reputação e muitos acham que se trata de uma incitação à vingança; mas a intenção dessa regra é o contrário: controlar a vingança. Você quebra meu dente e eu quebro um seu, mas não quebro a sua cabeça, que é o meu desejo instintivo. Você me rouba uma galinha, e eu roubo outra sua e ficamos quites, mas não roubo sete ou setenta de você. Você não me faz um favor e eu não farei o primeiro que você me pedir e ficamos quites. Não precisamos entender essa Lei de Talião somente no terreno físico do dente ou do olho, em que está formulada. Como nos ensinou Gandhi, se todos nós a aplicássemos no sentido físico, logo teríamos uma humanidade cega e sem dentes. Uma formulação mais moderna da Lei de Talião seria simplesmente: "Eu trato você do mesmo jeito que você me trata". *Individualismo*, egoísmo mútuo.

É um estágio baixo, mas já é um estágio moral, não como o da heteronomia, que é pré-moral. É egoísmo mútuo: eu trato você do mesmo jeito que você me trata, se lhe faço um favor é para que você me faça um. Existe egoísmo, mas não existe delinqüência; pode existir vingança, mas não há agressão gratuita. Quem estiver nesse estágio pode conviver com você: você o respeita e ele respeita você. Quem estiver no primeiro estágio não pode conviver com você se você não tiver armas para se defender, a menos que exista alguém que o controle continuamente, como ocorre, por exemplo, na prisão.

3. Expectativas interpessoais

O terceiro estágio de crescimento moral é o das *expectativas interpessoais*. Começa coincidindo com a adolescência, quando o desejo de agradar, de ser aceito, e a necessidade de pertencer a outros grupos, e não mais ao grupo da família, e sim a grupos de amigos, se faz presente. Nessa etapa vamos mais além do: "Vou fazer com você o que você me faz" e chegamos ao "faço o que você espera de mim, agrado você porque quero que você me aceite, que você me ame". É um estágio um pouco tortuoso: queremos agradar, mas, ao mesmo tempo, se busca a independência da família. As expectativas dos outros querem ser satisfeitas, mas essas expectativas às vezes são contraditórias: pais e professores esperam que os adolescentes estudem, que se divirtam tranquilamente, que façam esporte, enquanto que, às vezes, os amigos esperam que eles bebam, que se droguem ou que roubem. A qual dessas expectativas o adolescente responderá? O conflito pode ser forte e a única coisa que podemos esperar, humildemente, é que os nossos filhos ou alunos tenham amigos puros. Como o conseguimos? Bom, essa é a pergunta do milhão. Mas este terceiro estágio é bem superior ao segundo; o desejo de agradar nos leva a fazer favores e a ser amistoso ou carinhoso, favorecendo a relação entre as partes iguais e se supera a tensão da Lei de Talião. Muitos adultos ficam para sempre nesse estágio: são pessoas agradáveis, atenciosas, pouco polêmicas, mas que dependem demais da opinião e da atitude dos outros: ficam felizes com os elogios, mas se afundam com as críticas. E são pessoas muito vulneráveis à moda e ao consumismo porque nunca querem ficar cafonas.

4. Sistema social e consciência

Kohlberg denomina o quarto estágio de *sistema social e consciência*. É aqui onde começa a autonomia moral; a pessoa que atinge este estágio já é, no campo moral, um adulto. Essa pessoa vive muito claramente o binômio *compromisso-responsabilidade*. A gente fica responsável por aquilo que se comprometeu. Faz o bem e evita o mal, não por medo, como se faz no primeiro estágio e nem para corresponder ao que os outros fizeram por ele, como no segundo estágio; nem por querer agradar, como no terceiro estágio. Fá-lo porque se comprometeu consigo mesmo e com os outros, mesmo que não exista recompensa nem testemunhas. Cumpre com o seu trabalho e cuida dos filhos e do cônjuge porque se sente responsável diante de si, diante da sua consciência. Sua única limitação é que fica restrito ao seu círculo: seu trabalho, sua família, seus amigos, seus compromissos políticos ou esportivos. Não se sente obrigado quando lhe pedem que faça um trabalho extra, ou fora do seu horário de trabalho ou que dê uma colaboração com algo que não é da sua alçada.

Antes de passarmos ao quinto estágio, vamos ver brevemente como seria um pai ou um professor que estivesse num dos quatro primeiros estágios. Se estivessem no primeiro estágio, seriam um pai delinqüente (existem alguns), ou um professor delinquente (espero que não exista nenhum). Um pai que não só não se preocuparia com seus filhos, mas que também poderia maltratá-los, abusar deles, abandoná-los enquanto a lei não se fizesse presente. Seria um professor que não prepararia as aulas, que não estaria nem aí se os seus alunos aprendem ou não e que talvez os humilhasse e os maltratasse psiquicamente. Se esse pai ou esse professor estivessem no segundo estágio, agiriam bem com os bons filhos ou com os bons alunos e agiriam mal com os maus filhos ou com os alunos ruins. Não dariam, aos alunos complicados, atenção especial e constante de que precisam, mas passariam essa responsabilidade para os outros (pode ser seu cônjuge, ou outros professores ou outros colégios). Se algum filho ou aluno os atrapalhar de verdade em alguma ocasião, vão castigá-lo, mas esse castigo seria mais por vingança do que por correção. Se os pais ou os professores estão no terceiro estágio, procurarão ser amados pelos seus filhos ou alunos; procurarão ser gentis com eles, satisfazê-los em tudo, não para o bem deles, mas apenas para ficar bem com eles. Crescerão com os elogios e se afundarão com as críticas adversas. Serão agradáveis, mas fracos. Mas se já estão no quarto estágio, serão amigos de seus filhos ou alunos, e nem por isso deixarão de ser também pais e educadores e de lhes exigirem que façam o melhor que puderem: terão o valor de educar, como nos ensinou Fernando Savater[1]. Neste quarto estágio, ou em um dos dois seguintes, deveriam estar todos os que querem ser pais e professores. Se ficaram em um dos três estágios anteriores, não serão bons educadores.

5. Contrato social

O quinto estágio, Lawrence Kohlberg o chamou de *contrato social*. É o momento no qual ultrapassamos o círculo da família, amigos e responsabilidades próprias, e nos abrimos ao universo por inteiro, para toda a humanidade. É reconhecer na prática, com fatos e não com belas palavras, que todos os homens e mulheres do planeta têm direito à vida e à liberdade. São os dois grandes direitos humanos, os direitos básicos, e todos os têm pelo simples fato de serem pessoas e não porque eu conceda a eles esses direitos. Todos têm esses direitos: os brancos, os negros, os homens, as

[1] SAVATER, F. *El valor de educar*. Barcelona: Ariel, 1997

mulheres, os deficientes físicos ou psíquicos... todos. Mas nem todos podem exercer esses direitos porque nem têm o que comer. E então, de que adianta para eles terem um direito teórico da vida? E se não podem expressar suas convicções religiosas ou políticas, sem que sejam presos, de que adianta para eles terem o maravilhoso direito teórico da liberdade?

Quem chega a este estágio de desenvolvimento moral, fará tudo o que estiver ao seu alcance, mesmo se for pouco, para que todos possam exercer esses dois direitos básicos. Ajudará economicamente, colaborará com alguma ONG para o desenvolvimento, ingressará na plataforma do 0,7% para os países não desenvolvidos, educará os seus filhos e os seus alunos dentro da justiça e da solidariedade, estimulando-os a mudarem este mundo tão desigual e tão injusto. É claro que, para chegarmos a esse estágio tão avançado, precisaremos atravessar os dois anteriores e entendê-los muito bem. Se alguém falar do 0,7% ou denunciar os aspectos negativos da globalização, essas atitudes generosas não terão muito peso, se os que as manifestam não demonstrarem antes serem responsáveis no seu trabalho e nas suas obrigações familiares. Existem palavras e declarações bem quentes em favor da justiça, da mulher oprimida, dos excluídos e explorados que respondem muito mais a um romantismo juvenil, ou a um oportunismo político do que a uma maturidade moral. Kohlberg diz que, dos que chegam à vida adulta ou à maturidade moral, isto é, dos que chegam ao quarto, ao quinto ou ao sexto estágio, 85% fica no quarto estágio e somente 15% vai para o quinto e o sexto. Esses dois últimos estágios são para poucos. Não deveriam sê-lo, mas o são.

6. Princípios éticos universais

Finalmente, as pessoas extraordinárias que alcançam o sexto estágio, acreditam sinceramente que todos somos iguais, que todos somos irmãos e o sentem. Eles fazem por qualquer um o que fariam por um irmão de sangue, por um irmão muito querido. Já não cumprem a Lei de Talião que deixaram para trás, mas cumprem a suprema Regra de Ouro: fazer pelos outros, por qualquer outro, o que gostaria que fizessem por si. O que também pode ser formulado: não fazer ao o outro o que não gostariam que fizessem comigo. Ou ainda: não deixar de fazer pelo outro o que não quero que deixem de fazer por mim.

Como exemplos concretos deste estágio, Kohlberg cita Gandhi, M. Luther King, Madre Teresa de Calcutá. Mas insiste em que este estágio não é somente para os "santos". Diz que muitos de nós, nas nossas famílias, temos pessoas que conseguem compartilhar de coração o que têm e que tratam todos como seus semelhantes, como irmãos.

Um alemão, que agora está perto dos 80 anos, contou na TV alemã que, quando era bem jovem, teve que se alistar para participar da Segunda Guerra Mundial, quando Hitler conclamou jovens de 16 anos para mandá-los à Rússia. Ele contou que, após a batalha de Stalingrado, os alemães vencidos voltavam sem comida e sem roupa apropriada para as condições climáticas da estepe russa, com a única esperança de encontrar um trem militar que os levasse de volta à sua terra. Ele e mais dois de seus companheiros, também jovens, foram recebidos numa casa de uns camponeses russos, o que pelo que parecia, também tinham feito outros russos por outros soldados alemães. A mulher da casa, uma camponesa muito boa e gentil, preparou-lhes uma sopa bem quente e depois esquentou água para lavar os pés deles que estavam meio congelados e sangrando pela longa caminhada. Este senhor que falava na TV, naquela época um rapaz de 16 anos, falava bem o russo porque o pai dele era professor de linguística da Universidade de Berlim e tinha ensinado o russo aos filhos pensando que seria uma língua de grande importância no futuro. Foi por isso que aquele rapaz podia conversar com a camponesa russa e, quando ela se ajoelhou para lavar os pés deles, ele disse a ela: "Senhora, nós três estamos profundamente agradecidos por tudo que vocês estão fazendo por nós, mas nós viemos com armas para tentar conquistar a Rússia, nós somos seus inimigos; como pode a senhora ser tão boa e generosa conosco?" E a senhora lhe respondeu: "Meu filho, eu não entendo de política; eu faço por vocês o que eu gostaria que fizessem a um filho meu se estivesse na situação que vocês estão agora". Esta camponesa russa estava no sexto estágio de Kohlberg. Uma mulher extraordinária. Se ela estivesse num estágio inferior, eles teriam passado um bom bocado.

Esta divisão do crescimento moral em seis etapas não é um dogma de fé. Mas esses estágios podem sim se tornar um bom guia para pais e professores que querem ajudar seus filhos e alunos a crescerem no seu raciocínio moral e na vivência dos valores morais. Veremos no próximo capítulo como levar estes postulados à frente.

CAPÍTULO 8

Dilemas morais nas nossas vidas

Todos nós, mesmo sem ter lido Piaget nem Kohlberg, estamos num desses seis estágios morais. Estamos naquele estágio em que tomamos a maioria das nossas decisões no campo moral, mesmo que excepcionalmente atuemos de uma forma mais elevada ou mais baixa.

Existem os que não se importam com a moral na hora de tomar suas decisões; é como se o quesito moral não existisse ou não fosse importante. Outros agem com moralidade, mas não distinguem com clareza em que nível moral está sua decisão: pode ser uma resposta que se baseie na Lei de Talião, ou pode ser por motivos de responsabilidade pessoal: nos dois casos haverá uma resposta moral, mas a altura moral dessa resposta será bem superior no segundo caso.

Segundo Kohlberg, a melhor maneira de amadurecer moralmente, de progredir nesses estágios de crescimento, é nos obrigar e obrigar os nossos filhos e nossos alunos a tomar decisões morais. Isso se faz através da discussão de *dilemas* que tragam à tona um problema moral.

Para isso, apresentamos um problema da vida real ou tirado de filmes ou de romances, e nos perguntamos primeiro a nós mesmos com sinceridade (e depois aos outros quando somos vários), qual seria a minha atitude, minha decisão se me aparecesse uma situação como essa, e entre todos discutimos as razões pelas quais eu tomaria essa atitude e o outro a outra. A explicação dessas razões, que às vezes não percebemos, nos ajudará a enxergar o estágio moral que atingimos. E quando escutamos que temos razões superiores às nossas, animar-nos-emos para alcançar estágios mais elevados.

A seguir, apresentamos alguns dilemas morais que podem ser discutidos com os filhos ou com os alunos, para ajudá-los nesse crescimento moral que tanto desejamos. É um crescimento que não podemos impor a eles mas que eles devem descobrir e percorrer com a nossa ajuda, sempre serena e inteligente.

Lord Jim

O grande romancista inglês, polonês de nascença, J. Conrad, conta as aventuras de um capitão da marinha mercante da Inglaterra, que os índios chamavam "Lord Jim", porque era muito alto e elegante, embora não fosse um lorde de verdade e sim um capitão beberrão e mulherengo. A história transcorre na Índia no início do século XIX. "Lord Jim" era o dono e o capitão de um velho barco, com o qual fazia o transporte de temperos, madeiras e peles entre a Índia e a África. Com ele viajavam 8 marinheiros.

Um dia, uns muçulmanos pobres da Índia propõem a "Lord Jim" que os levasse à peregrinação lá na Meca, pois não tinham dinheiro para pagar a passagem de um barco de passageiros. Oferecem muito pouco por pessoa, mas como eram 600, poderia ser um bom negócio para "Lord Jim" e os seus. O capitão lhes fala que tem pouco espaço no navio e que não é muito confortável, e também dos perigos pois em caso de naufrágio, o barco somente tinha disponível um bote salva-vidas e que era necessário para a tripulação. Os muçulmanos fazem questão de embarcar mesmo assim, porque pretendem viajar no convés, vão levar a própria comida e eles mesmo farão a faxina do navio e não haverá naufrágio já que vão viajar sob a proteção de Alá.

"Lord Jim", depois de consultar a tripulação, aceita. Os dois primeiros dias de navegação são tranquilos e sem problemas. Mas o terceiro dia, já no Mar Vermelho e não muito longe da Meca, sobrevem uma horrível tempestade que é frequente naqueles lugares em função da diferença de temperatura que existe entre o mar e o deserto. A tripulação se debate para tentar segurar as velas; "Lord Jim" trata pessoalmente do leme, mas o navio não responde aos comandos e corre sérios riscos de afundar nas enormes ondas, enquanto que os muçulmanos, que estão no porão do barco rezam pela sua salvação. Nesse instante, o contramestre se aproxima de "Lord Jim" e lhe diz: "Já não podemos fazer mais nada, vamos embora!" "O que você quer dizer?", pergunta o capitão. "Quero dizer que só temos um bote salva-vidas e que vamos afundar, portanto eu e você vamos embora e que Deus nos proteja!" "Lord Jim" lembra ao contramestre que um capitão nunca deve deixar os passageiros e que as leis britânicas condenam à forca o capitão que o fizer. O contramestre retruca: "Muito bem, você é quem sabe, ou 600 morrem afogados ou morremos 609; não tem outro jeito".

Nesse instante, temos que colocar o dilema moral aos filhos ou alunos: "Se você estivesse no lugar de "Lord Jim", sinceramente, o que você faria? Continuaria no barco, mesmo quando não pode ser feito mais nada, ou iria embora com a sua tripulação para que pelo menos houvesse nove sobreviventes?"

O dilema é literário, mas impressionante. O importante é responder com total sinceridade. E sobre o que mais falam é sobre as *razões* pelas quais se escolheria uma coisa ou outra. Se a única coisa que interessa, na hora de decidir, é a ameaça do enforcamento, estaríamos agindo dentro do primeiro estágio moral. Se a decisão se alicerça nas regras do jogo (por exemplo: "Eu os avisei que só tinha um bote salva-vidas ou que o barco era velho", ou "eles não me pagaram para que eu morresse com eles"), estaríamos no segundo estágio. Se os argumentos são "o que os meus companheiros marinheiros pensarão se eu for embora, e se ficar e nos salvarmos serei um verdadeiro herói para todos eles", então aí estamos raciocinando num terceiro estágio moral. Se falássemos da responsabilidade adquirida como capitão e como pessoa, estaríamos no quarto estágio. Se falarmos sobre o que está além das leis, das ameaças e das irresponsabilidades e prestamos atenção ao valor das vidas humanas e que todos somos irmãos e que devemos fazer pelos outros o que queremos que façam para nós mesmos, já estaríamos no quinto ou no sexto estágio.

Se quiserem saber o que aconteceu com "Lord Jim", e como essa terrível história o levou a um profundo e maravilhoso amadurecimento moral, leiam então o romance de Conrad.

A eutanásia

Mercedes sempre foi uma boa filha para o pai, apesar de que ele sempre foi muito severo e duro com ela, ainda mais agora que a velhice e a viuvez lhe reforçaram o mau-humor. Agora o pai, seu Antônio, foi internado com um grave problema nos rins e Mercedes fica com ele o tempo que pode e, às vezes, leva suas duas filhas adolescentes para animarem e fazerem companhia ao avô.

Seu Antônio precisa de diálise permanentemente e assim que foi internado, precisou também de ventilação assistida, já que seus pulmões de fumante estão bem deteriorados. A situação se estende, e a vida da família inteira está muito perturbada, pois Mercedes e o marido trabalham e suas duas filhas estudam, portanto as tantas visitas ao hospital ficam muito cansativas.

Uma tarde, o médico comenta com Mercedes e com o marido que a situação pode se estender durante muito tempo, já que seu Antônio é forte, apesar dos problemas com os rins e os pulmões. Mas pela idade do paciente não há possibilidades de transplante de rins. Por isso, diz o médico: temos três possibilidades: continuar com a diálise e com a ventilação, talvez durante alguns meses; interromper a diálise ou a ventilação e deixar o doente pelo seu próprio esforço; administrar-lhe alguns sedativos muito poderosos, que o mesmo Antônio pede para tirar a dor, mas que diminuirão notavelmente sua vida.

Aqui colocamos o dilema moral aos filhos ou alunos. Se você fosse Mercedes ou o marido dela, qual das três decisões deixaria em paz sua consciência? O que você decidiria numa situação tão complexa?

Como sempre, o importante são as razões através das quais possamos escolher uma ou outra solução. Se a única razão para não retirar a diálise e a ventilação fosse o medo de serem denunciados, estaríamos raciocinando como se estivéssemos no primeiro estágio. Se dissermos: "Ele sempre agiu mal comigo, e agora não tenho porque ficar me preocupando com ele", estaríamos falando desde o segundo estágio. Se dissermos: "O que pensaria a nossa família e os médicos se ficarem sabendo que o deixamos morrer" ou, pelo contrário, "os nossos amigos vão pensar que somos estúpidos por estender a vida de alguém que está acabando com a nossa convivência familiar", aí estaríamos no terceiro estágio. Se falamos de responsabilidade para com o próprio pai, e da responsabilidade, nesse momento, conflitante com a anterior para com as filhas o marido ou a mulher, estaríamos falando do quarto estágio. Mas estaríamos no quinto ou no sexto, se as razões são sobre o valor e a qualidade da vida ou se é mencionado o que nós gostaríamos que fizessem conosco se estivéssemos no lugar de seu Antônio.

Um dilema em que existe um entrecruzamento de obrigações e afetos que, por sua complexidade, pode nos ajudar eficazmente a nos colocarmos sérios problemas morais.

Namorada de dois

Ana é uma menina de 21 anos, atraente e inteligente, mas é muito insegura no quesito afetivo. Faz dois anos, ficou saindo durante 8 meses com um rapaz chamado José, pelo qual se apaixonou totalmente e com o qual sonhava em compartilhar sua vida inteira. Mas sem avisar, o rapaz a deixou por outra e a única razão que lhe deu era que tinha ficado entediado, pois a relação com a Ana tinha ficado muito monótona. Ana ficou com o coração partido e, a partir daquele dia, se convenceu de que ela não é capaz de manter uma relação afetiva estável.

Agora, dois anos depois, está saindo já há alguns meses com Raul, que trabalha numa boa empresa e que está apaixonado por ela. Muitas vezes falaram de matrimônio, pois os dois trabalham e parece que a relação vai muito bem, embora Ana ainda não sinta a empolgação que sentia com seu primeiro namorado.

No verão, Ana vai com seus pais à praia, enquanto Raul fica na cidade, trabalhando para arrumar um dinheiro extra. Raul liga para ela todos os dias, várias vezes ao dia, manda-lhe torpedos pelo celular e mensagens pelo computador. Ana está feliz e cada dia que passa se sente mais segura. Mas, numa festa, conhece Diego, que é muito alegre e divertido, que lembra muito o José e começa a sair com ele. Vão a algumas festas. Diego vem buscá-la todas as manhãs na praia e um dia fazem uma excursão no mar a uma ilha próxima com um grupo de turistas, e eles dois passam o dia inteiro juntos e curtindo muito tudo juntos.

Mas depois, Ana reflete e percebe que, no fundo do seu coração, quem a ama de verdade é o Raul; mas não quer terminar com Diego, por quem sente uma atração em função da vitalidade que lhe inspira. Por outro lado, sua insegurança lhe faz pensar que é melhor ter "alguém de molho", caso Raul a deixe antes de se casarem, como lhe aconteceu antes. Dessa forma, começa a enganar os dois, dizendo a cada um deles que são o único amor da vida dela. Neste momento da historia, vem à tona o dilema moral (pode aparecer tanto para as meninas como para os meninos): se você estivesse numa situação psicológica e afetiva parecida com a da Ana, o que você faria? Você continuaria jogando com os dois até ficar consciente disso ou diria aos dois que está em dúvida com sinceridade e transparência? Ou você se decidiria de vez por um dos dois, pois conhece bem os dois?

Novamente não será difícil determinar em que estágio moral estão os nossos filhos e os nossos alunos. Se a reflexão se restringir ao possível desentendimento entre um e outro e ao perigo de ficar sem os dois, pensando só na conveniência da Ana e sem se preocupar nem com Diego nem com Raul, estaríamos no primeiro estágio. Se na discussão comenta-se que Raul está agindo bem com ela e Ana deve corresponder à altura, mesmo que goste menos de Raul que do Diego, estaríamos no segundo estágio. A mesma coisa se ela pode fazer o que quiser, pois ainda não tem um compromisso oficial com o Raul. Também ficaria no segundo estágio dizer que Ana pode brincar com Diego o quanto quiser e enganá-lo, já que ele, com certeza, também brincará com ela e a enganará. No entanto, se mencionamos o que vão pensar Raul, o Diego, a família, as amigas de Ana quando souberem que ela está fazendo jogo duplo, estaríamos no terceiro estágio. Se analisamos que Ana tem uma grande responsabilidade com respeito a Raul, mas que também não tem direito de prejudicar o Diego, estamos no quarto estágio. Se falamos de procurar a felicidade própria e a alheia, se defendemos que a verdade e a transparência são valores que melhoram a qualidade das nossas vidas (embora, às vezes ser sincero seja doloroso), estamos usando argumentos do quinto estágio. Se afirmamos que precisamos procurar a felicidade dos outros com o mesmo ímpeto com o que procuramos a nossa felicidade e que nunca seremos plenamente felizes se vamos deixando "cadáveres" pelo caminho, aí já entramos no sexto estágio.

Agnóstico de um colégio religioso

Pedro é licenciado em História e sempre sentiu vocação pelo ensino. Prestou vários concursos para o ensino público, mas não teve tempo suficiente para se preparar em função de problemas familiares e por isso não venceu os concursos.

Só que, de repente, um colégio privado religioso e que tem muito prestígio na cidade, ofereceu-lhe a oportunidade de contratá-lo como professor de História para o Nível Médio. Pedro vê o céu se abrir diante dele e vai à entrevista cheio de ilusões e esperanças.

Na entrevista, o diretor do colégio, depois de lhe perguntar pelas suas notas, por sinal magníficas, e pela sua experiência docente (muito escassa, somente algumas substituições), diz que está disposto a contratá-lo e que tem certeza de que Pedro é crente, pois apresentou seu CV num centro religioso; insiste com ele que ele (o diretor) sempre respeitará a sua consciência (a de Pedro), mas que acha muito importante que o professor de História seja crente. Pedro sofre uma angústia repentina, porque ele é agnóstico, isto é, que não nega a existência de Deus, mas não tem fé e nem pratica religião alguma.

Aqui entra o dilema moral. Perguntamos aos filhos ou aos alunos o que eles fariam de fato se estivessem no lugar de Pedro. Eles diriam a verdade sobre o seu agnosticismo, expondo-o a não ser contratado ou mentiriam dizendo que são crentes de verdade?

Se algum deles disser que diria que é crente e que faz a comunhão diariamente, e que nas aulas não diria nada por medo de ser expulso, estaríamos falando do primeiro estágio, a mesma coisa se ele disser que não lhe importaria mentir, mas que está com medo de ser descoberto mais tarde, através do comentário de algum amigo. Se outros disserem que o diretor, legalmente, não tem o direito a me perguntar sobre as minhas crenças e que portanto, eu não tenho obrigação de lhe responder e então ele não pode me negar a vaga por causa disso, estamos no segundo estágio. Se o que importa na discussão é o que a minha família e os meus amigos vão pensar quando ficarem sabendo que menti para arrumar o emprego, ou que perdi um emprego excelente por dizer a verdade, então o raciocínio está se movendo no terceiro estágio. Se falamos de responsabilidade do centro que está me contratando para com os alunos e seus familiares que confiam em que a educação desse colégio estará sempre iluminada pela fé, então estamos no quarto estágio. Se chegamos a dizer que todos são livres quando se trata de suas crenças religiosas e que Pedro poderia confessar seu agnosticismo ao Diretor, ao mesmo tempo em que lhe garante que jamais fará qualquer comentário contra a fé de seus alunos, então estamos falando do quinto ou do sexto estágio.

Produto farmacêutico perigoso

John Le Carré, o famosíssimo autor de romances de espionagem, no seu romance *O jardineiro fiel*, nos fala sobre uma grande companhia farmacêutica que descobre um remédio eficaz contra a tuberculose e o espalha amplamente por toda a África, conseguindo muitos lucros. Mas, depois de algum tempo, uns médicos da companhia constatam que esses comprimidos contra a tuberculose têm, em muitos dos casos, terríveis efeitos secundários na questão da coagulação sanguínea, levando à morte. A companhia suborna esses médicos para que fiquem quietos. Mas a esposa de um diplomata inglês no Quênia, que é uma lutadora incansável pelos direitos humanos e a justiça, fica sabendo de tudo e junto com um médico do país, começa a investigar e a redigir um relatório com todos os casos que acabaram em morte. A companhia fica sabendo e, fingindo um acidente em um jipe, mata a inglesa e o amigo, o médico negro. Por meio de indícios, cartas e arquivos que estavam no computador da sua mulher, o diplomata inglês descobre toda a verdade.

Aqui temos o dilema moral: se você estivesse no lugar desse diplomata, você se atreveria a denunciar a grande multinacional, que poderia lhe matar, ou você ficaria quieto pensando que "as coisas são assim mesmo e não tem jeito" ou você escolheria fazer uma chantagem, pedindo dinheiro pelo seu silêncio? Este é um dilema muito profundo, cuja discussão pode ser interessantíssima.

De fato, se os seus filhos ou seus alunos dizem que o melhor seria a propina e ficar milionário à custa da multinacional, mas tomando todas as medidas para evitar que possam lhe matar, estaríamos raciocinando no primeiro estágio ou talvez no segundo. Também pertenceria ao primeiro estágio ficar paralisado por medo de ser expulso do corpo diplomático se enfrentar uma multinacional tão poderosa. Se os seus filhos ou seus alunos fizerem questão de que é necessário prejudicar o máximo possível a companhia farmacêutica para vingar a morte da esposa do diplomata, entramos no segundo estágio. Se o que o leva a agir ou a ficar quieto é o que os amigos ou os superiores do *Foreing Office* possam pensar, então estamos raciocinando no terceiro estágio. Se falamos da responsabilidade da embaixada inglesa e dele como diplomata, diante de um problema que está afetando a saúde da população do Quênia, estaríamos raciocinando no quarto estágio. Se falamos do valor das vidas africanas que estão em perigo por causa desse novo medicamento, se partimos da ideia de que as vidas valem muito mais do que qualquer lucro, se abordarmos claramente o problema da luta pela justiça no mundo, então estamos no quinto ou no sexto estágio. Não é um dilema de romances, é um problema que envolve todos nós.

É ruim divertir-se por um tempo? A namorada receptiva

No filme *As normas da casa da sidra*, apresentam-se vários problemas morais: alguns sem muita importância, (podemos quebrar a norma de não fumar dentro do quarto dos trabalhadores que catam as maçãs?), até outros muito sérios como aborto, falsificação do diploma de médico, etc. Nesse mesmo filme, aparece o seguinte caso, que é digno de uma boa discussão.

Num internato para crianças órfãs, no campo, um médico muito bondoso toma conta das crianças e também dos pacientes que vêm do povoado mais próximo. O médico tem um jovem ajudante para quem em breve falsificará o diploma de medicina, embora o ajudante só tivesse o Ensino Médio. Este jovem acaba conhecendo uma garota muito atraente daquele povoado cujo namorado está lutando contra os japoneses no Sudeste Asiático, pois esta história de desenrola durante a Segunda Guerra Mundial.

O ajudante do médico se apaixona pela garota e, como ela se sente muito sozinha, ela propõe a ele aproveitarem o tempo até que o namorado volte da guerra, mas os dois estando bem cientes de que, no final das contas, ela vai casar com o namorado. O ajudante do médico aceita e ficam juntos vários meses de intensa paixão e sexo até que o soldado retorna da guerra e, por sinal, volta paralítico, pois levou um tiro na coluna vertebral.

Nessa história poderíamos colocar o dilema moral tanto do ponto de vista da namorada, (solidão, necessidade de preencher o tempo e se divertir num povoado tão chato) como do ponto de vista do jovem: se você estivesse em seu lugar, você aceitaria o convite da garota, sabendo que não envolve qualquer compromisso estável?

Se escolhemos este segundo ponto de vista, fica claro que o que vamos discutir no final de tudo é a canalização, tão frequente, das relações afetivas e sexuais, e o sentido derradeiro do valor "fidelidade".

Se o único empecilho que seus filhos ou alunos veem para aceitar o convite da garota é o perigo de que quando o soldado voltar fique sabendo de tudo e quebre sua cabeça, estamos no primeiro estágio. Estaríamos no segundo estágio se algum deles disser que as regras do jogo são claras e que o acordo entre os dois é por escolha mútua, sem pressões nem ameaças de ninguém e, portanto, é perfeitamente legítimo; também estaríamos no segundo estágio se for cogitada a possibilidade de que, antes de ir para a guerra, o soldado de repente tivesse agido mal com o ajudante do médico e entendendo-se como algo justo, ele deveria fazer isso com o soldado, de se divertir com a namorada dele. Se colocamos isso como razão para o fato de se ter ou de não se ter essa relação passageira, o que as pessoas do povoado vão dizer, ou a família da garota ou do namorado dela, ou os companheiros de trabalho do ajudante do médico, então estaríamos no terceiro estágio. Pode ser que seus filhos ou seus alunos falem sobre a irresponsabilidade da garota por querer se divertir em função da ausência do namorado, sem levar em conta os laços afetivos que podem ser criados com o ajudante do médico, nem o desprazer enorme do soldado ao voltar e ficar sabendo: nesse caso estaríamos raciocinando dentro do quarto estágio. Se falarem que uma autêntica relação de casal, deve-se basear na verdade e não na enganação; na fidelidade e não nas trapaças; no respeito à dignidade do outro e não no escárnio... então estamos nos movendo no quinto e no sexto estágio de raciocínio moral.

Frases inacabadas, com conteúdo moral

Outro jeito, muito mais curto e singelo, de colocar dilemas morais aos nossos filhos ou aos nossos alunos, é ler para eles umas frases inacabadas, onde exista um problema moral e pedir a eles que as terminem, dizendo, com honestidade, o que eles fariam nesses casos.

Cada uma dessas frases é como se fosse um mini-dilema moral. Se realizarmos essa atividade com mais pessoas (o que será mais frequente no caso dos alunos do que no caso dos filhos), podemos ditar a eles as seguintes frases, ou outras bem parecidas que nos venham à cabeça e pedir a eles que as completem sem se identificarem para depois poder discutir entre todos as respostas. Principalmente se as respostas são diferentes, a discussão pode ser muito animada e fecunda para todos.

1) Entro em um táxi e no banco acho um envelope com uma importância considerável. Eu...

2) Gostaria de dar de presente umas flores à minha mãe, ou a uma garota e há uma loja de flores perto da minha casa. Mas, ao passar por um parque da cidade, vejo uns botões de rosa lindíssimos. Então eu.....

3) Uma amiga desabafa comigo sobre um problema familiar íntimo, eu dou forças a ela e lhe digo que não contarei a ninguém, mas o(a) garoto(a) com quem eu saio e que me viu falar com essa amiga minha me pergunta o que ela me disse e aí eu...

4) Numa pequena banca de frutas pago com uma nota de 50 reais e, quando confiro o troco, percebo que me dão 12 reais a mais, eu...

(Podemos também variar dizendo que o feirante é um antipático; ou que os preços ali são um pouco caros.)

5) Guilherme, um colega meu do colégio ou do instituto, fica espalhando por aí que eu não estudo e que sou um egoísta porque não quis lhe emprestar um livro que ele me pediu mas que eu estava precisando. Um dia, no intervalo, alguns colegas estão falando do Guilherme e dizem que ele é muito simpático e que é um excelente estudante. Aí eu...

6) Vou sair este fim de semana com alguns amigos mas meus pais não querem porque sabem que se a gente sair vamos beber, mesmo que ainda não tenhamos idade para tal. Eu sei que se eu falar aos meus pais que vou sair com *outros* amigos, em quem eles confiam, vão me deixar sair. O que eu digo aos meus pais e o que eu faço então é...

7) Estou com uma amiga minha na discoteca e ela me pede dinheiro emprestado para comprar uns comprimidos de ecstasy. Eu tenho o dinheiro e então....

8) Um dia, na sala de aula, vejo que acaba de cair do bolso de um colega uma nota de 20 reais, e o que está sentado atrás dele puxa a nota com o sapato e a esconde. No começo não sei se é uma brincadeira, mas depois, na hora do intervalo, o que perdeu o dinheiro está perguntando e "ninguém sabe nada", incluindo quem pegou a nota. Eu então...

9) Eu vou andando por uma rua quase deserta e vejo que dois vagabundos estão incomodando uma garota, com brincadeiras de mau gosto e tentando tocá-la; ela tenta se esquivar, mas eles a fecham. Eu então...

10) Uma amiga me comenta que ficou grávida do namorado, e que se os seus pais ficarem sabendo ela vai arrumar uma tremenda encrenca. Então me pergunta se eu conheço algum médico para fazer um aborto. Eu então...

Tanto com os dilemas como com as frases inacabadas, poderemos acostumar os nossos filhos e alunos a perceberem que em todas as decisões humanas, principalmente nas mais importantes, precisamos levar sempre em conta o aspecto moral, e não somente o que mais eu gosto ou o que eu acho mais lucrativo. Como já dissemos outras tantas vezes, a boa relação interpessoal exige escolher, não somente o que for mais eficaz, mas também o que for mais justo.

CAPÍTULO 9

Habilidades sociais

Não só cortesia, mas também eficácia e justiça

No capítulo 1, dissemos que as habilidades sociais não consistem somente em um treinamento para ensinar, por exemplo, o tom de voz adequado para cada situação, a distância que devemos deixar, o correto movimento das mãos ou a forma de olhar para o nosso interlocutor de forma intermitente e amistosa, já que o olhar fixo pode ser desafiador.

Esse treinamento se faz necessário porque existem crianças e jovens (também adultos) que falam aos berros ou que se jogam em cima das outras pessoas para falar ou, pelo contrário, dizem uma coisa íntima publicamente, ou que, enquanto falam com alguém, não olham para essa pessoa, mas ficam distraídos com o que acontece à sua volta.

Assertividade

Mas se entendêssemos as habilidades sociais somente como esse treinamento do tom da voz, de guardar a distância e de saber olhar e treinássemos dessa forma um delinquente, teríamos um delinquente muito capaz. Por isso definimos as atividades sociais como **assertividade**, que para nós é a mesma coisa que *eficácia e justiça*. Assertividade é fazer ou dizer sempre o que é mais eficaz e justo, evitando os dois extremos possíveis em qualquer atitude humana: tanto o extremo do nada fazer, que se chama inibição ou passividade, como também o extremo do fazer demais sem respeitar os outros, que se chama agressividade. Ser socialmente capaz é a mesma coisa que ser assertivo que é um meio termo entre a inibição e a assertividade. Somente conseguimos ser verdadeiramente assertivos se desenvolvermos muito bem nossa cognição e se tivermos um correto crescimento moral. Por isso falamos agora das habilidades sociais, ao ter já explicado, nos capítulos anteriores, como se desenvolvem os cinco pensamentos: causal, alternativo, de consequência, de perspectiva e meio-fim; pensamentos que são indispensáveis para a solução de conflitos e que formam o miolo da inteligência interpessoal, da qual nos falava Gardner. E falamos das habilidades sociais quando já explicamos como podemos crescer na linha do raciocínio moral através dos seis estágios de Kohlberg.

Definir assertividade é muito fácil: escolher sempre o que for mais eficaz e mais justo. Mas praticar a assertividade é muito difícil. Todos estamos tentados sempre, ou por causa de inibição passiva ("deixa como está, não diga nada, não faça nada, afinal não vai dar em nada"), ou pela agressividade que está sempre presente no nosso cotidiano social na atualidade ("vou quebrar a cara desse imbecil, vou matar o cara, ele vai saber quem sou eu"). O ruim disso tudo é que muitos adolescentes e também vários adultos acham que somente existem duas alternativas: a inibição ou a agressividade. Ou eu calo a boca ou o mato. É por isso que ficam sem saber o que fazer quando dizemos a eles que essas duas soluções são ruins. Ficam sem saída porque não conhecem a assertividade.

Um garoto extremamente complicado, de quinze anos de idade e que está internado num Centro de Menores; tiraram do quarto dele um pôster bem grande e muito lindo que ele tinha lá da região onde ele nasceu. Desconfiado de quem tinha sido, foi até ele e bateu na cara do sujeito, deixando-o com um olho roxo durante vários dias. Quando falei com o agressor, perguntei a ele: "Você não tinha outra solução a não ser dar na cara dele?" Ele olhou para mim com os olhos bem arregalados e me respondeu: "Evidente que não; se alguém roubou o meu cartaz, o que o senhor queria que eu fizesse?" Para ele era evidente e indubitável o seguinte: se me roubam alguma coisa, quebro a cara do sujeito. Quando insisti com ele para que ele pensasse em uma outra possibilidade, depois de um tempo percebeu que existia a inibição e me disse: "Sim, claro, o que o senhor quer é que eu seja uma bicha não é?" Então lhe disse que eu jamais queria que isso acontecesse, e ele me respondeu com um sorriso triunfal bem largo: "Tá vendo?, então o senhor também concorda que a única coisa que eu posso fazer é quebrar a cara dele, certo?"

A este garoto e a muitos outros temos de explicar em que consiste a assertividade. Através de um gráfico podemos dizer a eles que a assertividade é o ponto intermediário entre o 0 da inibição e o 100 da agressividade. Mas a realidade é mais complexa, a assertividade não é uma fórmula fixa, sempre a mesma para todas as situações, mas tem de ser inventada para cada caso. Uma mulher jovem que pede à sogra para não dar salgados aos netos (os filhos da mulher jovem), enquanto toma conta deles, vai ter de fazê-lo com muito cuidado, tentando não ofender a sogra, nem incriminá-la, nem que pareça que está lhe dando sermões. Vai ter de lhe dizer mais ou menos assim: "Fico muito agradecida a você por cuidar das crianças para mim nessas horas, mas você sabe como são e que sempre estão pedindo coisas para comer fora de hora; peço a você para não comprar bobagens para elas, e também sei que eles adoram você sem precisar que compre nada para eles". Mesmo assim, pode ser que a sogra fique chateada e diga que ninguém tem que lhe ensinar como educar as crianças. Pelo contrário, sem afastar-nos do exemplo que dei ontem a vocês, se o garoto de quem roubaram o pôster usasse, com o coleguinha que lhe roubou, a mesma linguagem que essa mãe jovem usou com a sogra dela, teria de lhe dizer: "Olha, a gente está morando no mesmo lugar e para convivermos sem problemas temos de respeitar o direito à propriedade alheia, portanto me devolve meu pôster". O outro rapaz morreria de rir. O que o garoto que foi roubado deveria fazer para ser assertivo, seria dizer mais ou menos isto: "Eu sei que você pegou meu pôster, portanto se esse pôster não estiver em dez minutos em cima da minha cama, vou lhe dar uma porrada que vai arrancar sua cabeça". Para nós, essa atitude e essa frase são agressivas, mas entre eles é normal porque se comunicam desse jeito, portanto a frase é eficaz e justa, isto é, assertiva. Com essa revitalização do conceito de assertividade, o que queremos é ensinar aos nossos filhos ou alunos que a assertividade não é uma fórmula e sim uma atitude. Uma atitude de eficácia e justiça, que tem de estar permanentemente em nós, se quisermos mesmo ser socialmente capazes.

Portanto, para nós, e continuando com o professor Caballo[1], as habilidades sociais são condutas estáveis, verbais e não-verbais, que nos fazem ser eficazes e justos com os outros, com todos aqueles com os quais nos relacionamos, sejam eles superiores a nós em idade, autoridade, sejam eles iguais ou inferiores.

De acordo com essa definição, uma vez que atingimos o suficiente desenvolvimento cognitivo e um bom nível de raciocínio moral, esse é o momento para começar nas habilidades sociais concretas. É o momento de ensaiar com os filhos e os alunos com o método que propomos a seguir, as habilidades sociais indispensáveis para nos relacionarmos bem. Vamos apresentá-las a seguir, mas antes vamos explicar brevemente o método para tal.

Método para ensaiar habilidades sociais

Este método que propomos pode ser usado de uma forma mais estrita e cuidadosa na aula, ou de uma forma mais dialógica e simples em casa.

Começamos escolhendo uma das habilidades sociais que elencaremos mais adiante. Escolhemos uma situação fictícia, que incluiremos com cada habilidade, ou uma situação real que tenhamos vivenciado faz pouco tempo. Também podemos extraí-las de um filme ou de um romance. Apresentada já a situação concreta, discutimos entre todos quais seriam as três possíveis respostas do protagonista: a inibida, a agressiva e, finalmente, a assertiva. Aqui pode surgir uma boa discussão, já que é fácil que, de início, alguns dos seus filhos ou dos seus alunos prefira uma resposta agressiva, ou uma resposta inibida. Precisamos fazê-los entender (que eles próprios o vejam e não porque nós impomos a eles), que a inibição não é eficaz, a agressão não é justa e que a inibição acaba sendo também injusta com nós mesmos ou com os outros, e o agressivo acaba sendo também ineficaz porque traz à tona novos conflitos.

Depois que chegarmos à resposta assertiva, devemos passar para um *role playing*, ou representação muito simples dessa resposta assertiva.

---

[1] CABALLO, V.E. *Manual de técnicas de terapia y modificación de conducta*. Madri: Siglo XXI, 1991.

Por exemplo, se estamos ensaiando como apresentar uma desculpa, e a situação é a de uma pessoa que tem de se desculpar com um amigo porque manchou com café um livro que ele havia lhe emprestado, você mesmo (ou outro filho ou aluno), pode fazer o papel do dono do livro, enquanto o "ator principal", nesse momento é quem vai pedir desculpas. Esse ator principal tem de pedir desculpas com simplicidade e normalmente, tomando como base a atitude que o grupo determinou como sendo a assertiva. Depois, o grupo inteiro, (ou você, se estiver sozinho com esse filho ou aluno), fará uma crítica construtiva, em que lhe mostrará se realmente foi assertivo ou um pouco inibido, ou um pouco agressivo, se gritou demais, se respeitou a distância devida, se olhou o seu interlocutor...

Depois de feita a encenação e a crítica, que são as duas partes básicas deste treinamento, pedimos a todos que na próxima reunião, que poderá ser nos próximos dias ou dentro de uma semana (porque não é conveniente períodos de tempo muito longos), que prestem atenção porque pode lhes aparecer uma boa oportunidade para praticar essa habilidade social que acabamos de ensaiar. E quando começarmos a próxima reunião, perguntamos-lhes se o fizeram. Dessa forma, mostramos-lhes que as habilidades sociais não são condutas para serem ensaiadas em casa ou na sala de aula e depois esquecê-las, mas são atitudes assertivas para levá-las em conta 24 horas e sete dias por semana.

Saber escutar

Parece que, se não formos surdos, saber escutar é fácil. Mas escutar não é a mesma coisa que ouvir, é algo mais profundo. Escutar bem quer dizer: respeitar sempre quem fala, esforçar-se para compreender o que ele diz e dialogar sobre o conteúdo, se o tema for do nosso interesse, ou mudar o estilo da conversa amistosamente caso o tema não seja do nosso interesse. Escutar com atenção é uma demonstração clara de afeto e respeito.

Antes de praticar esta habilidade com seus filhos ou alunos, você pode discutir com eles estes assuntos:

- A diferença que existe entre um diálogo amistoso e um "diálogo de surdos".

- Qual seria a técnica mais eficaz e mais respeitosa para "quebrar o barato" da outra pessoa quando a gente não está interessado no que essa pessoa está nos dizendo.

Algumas situações que podemos colocar em prática, para discutir entre todos qual seria a resposta inibida, a agressiva e a assertiva, e depois fazer o *role playing*, somente da assertiva, podem ser as seguintes: escutar o professor que explica alguma coisa de história ou de literatura; escutar uma amiga que lhe conta alguma coisa que viu na televisão e que gostou muito; escutar seu pai que vive se queixando com você do pouco diálogo que tem em casa; escutar sua mãe que lhe fala o quanto está preocupada pela atitude do seu irmão, etc.

Fazer um elogio

Frequentemente, pais e professores temos ensinado os mais jovens a repreender muito mais do que elogiar. Quando eles fazem alguma coisa boa, na casa ou na escola, a gente se cala, não diz nada, achando que estão fazendo o que devem fazer. Porém, quando fazem algo ruim, chamamos a atenção deles. Então, o tempo dedicado às repreensões é muito maior do que o dedicado aos elogios. Por isso eles, entre irmãos e com os companheiros, seguem a mesma pauta: pensam que elogiar é meio careta, ou "bajulador", ou que se está tentando conseguir alguma coisa da pessoa que elogia.

Antes de praticar esta habilidade de elogiar, é bom discutirmos entre todos as seguintes ideias:

- O que é um elogio: eles precisam dar alguns exemplos concretos e não ridículos.
- Saber se os elogios servem para alguma coisa.
- Se eles gostam de ser bajulados, elogiados.

Algumas situações concretas que podemos colocar em prática, para determinar qual seria a resposta inibida, a agressiva e a assertiva, e depois representar esta última, podem ser as seguintes: uma amiga sua tira uma nota espetacular numa prova: como você reagiria; você acaba conhecendo alguém da sua faixa etária de quem você está gostando muito e você quer dizer isso a ela; num casamento ou numa festa, uma garota amiga sua está muito gata e você fala isso para ela; um amigo seu se mete para afastar os que estavam brigando e você o elogia por causa disso.

Pedir um favor

Pedir um favor é pedir uma ajuda para fazer alguma coisa que não podemos fazer sozinhos. Existem os que nunca pedem um favor por timidez ou por orgulho. Existem os que pedem favores a toda hora e isso não é uma habilidade social, e sim algo "caro". A habilidade social é saber quando estamos precisando de ajuda e solicitar essa ajuda assertivamente, sem cair na inibição ou na timidez excessiva, e nem na agressividade ao exigir o favor ao outro.

Antes de discutirmos e ensaiarmos esta habilidade social de pedir um favor, poderíamos dialogar sobre as seguintes ideias:

- Se é verdade que existem diferentes formas de pedir um favor: impondo-se autoritariamente ao outro, ou com simpatia, ou com uma timidez extrema.
- Qual costuma ser nossa reação quando alguém nos "exige" um favor.
- Qual é a diferença entre pedir um favor ponderável de maneira ponderável e chantagear emocionalmente outra pessoa.

Algumas situações concretas que podemos colocar em prática, para determinar qual seria a resposta inibida, a agressiva e a assertiva, e depois representar esta última com simplicidade, podem ser as seguintes: você pede para o irmão mais velho de um amigo seu que ajude você a consertar sua bicicleta, pois ele entende de mecânica; ir ao cinema com uma amiga, mas você só levou a grana do ingresso e então você pede a ela dinheiro emprestado para comprar pipoca e uma bebida; você não entendeu muito bem alguma coisa que a professora lhe explicou e, quando a aula acaba, pede a ela para repetir para você; você pede à sua mãe para convidar para jantar (ou passar uma noite na sua casa) um amigo ou amiga sua, etc.

Pedir desculpas

Existem os que nunca pedem desculpas, porque acham que isso seria se rebaixarem, humilhar-se, ou como se estivessem deixando que o outro pisasse em cima deles. Só que pedir desculpas é justamente tentar consertar alguma coisa que tinha sido quebrada entre duas pessoas: é voltar a ter uma relação, igual ou melhor, com alguém que tínhamos ofendido ou incomodado.

Antes de discutirmos e ensaiarmos esta habilidade de pedir desculpas, poderíamos dialogar com os nossos filhos ou alunos sobre as seguintes ideias:

- Se eles compreendem o que seria pedir desculpas e se o fazem quando incomodaram ou feriram alguém.
- Se além da fórmula clássica para pedir desculpas, que consiste em dizer: "Me desculpe" ou "sinto muito", têm outras formas de consertar algo que fizeram errado, isto é, outros métodos para fazerem as pazes.

Algumas situações concretas que podemos colocar em prática, para determinar as possíveis respostas, e depois ensaiar somente a assertiva, podem ser as seguintes: você vestiu a roupa do seu irmão ou da sua irmã sem a permissão deles e, quando você volta para casa, ele está muito zangado com você; você esqueceu, pela primeira vez, o aniversário de uma amiga muito querida e ela ficou extremamente triste com isso; você está fazendo barulho na sua casa, puxando móveis pesados de um lado para o outro e o vizinho ou a vizinha do apartamento de baixo bate na sua casa para se queixar; você está com alguns amigos seus na sua casa, você fez escárnio do seu irmão menor diante deles e ele ficou triste, e agora, quando estão sozinhos, você quer fazer as pazes com ele.

Queixar-se

Queixar-se é algo que geralmente não tem uma boa conotação, por isso, as pessoas que se queixam, principalmente se o fazem com muita frequência, ficam com fama de chatas, impacientes e até grossas. Mas há momentos em que alguém nos ofende ou incomoda injustamente, ou o faz com outras pessoas e então, nesses momentos, saber se queixar, saber botar o cabresto nessas pessoas é uma grande habilidade social. O que não sabe se queixar pode acabar com raiva, frustrado ou esmagado.

Antes de discutirmos e ensaiarmos esta habilidade com os nossos filhos ou alunos, poderíamos dialogar com eles sobre as seguintes ideias:

- Que eles pensem sobre algum exemplo, da vida real ou de algum filme, em que alguém esteja se queixando bem, ou seja, de uma forma justa e eficaz, sobre alguma injustiça cometida. Também podem trazer exemplos de alguém que se queixou mal, por exemplo, ofendendo o outro ou cometendo uma injustiça com ele.
- Qual seria a diferença entre se queixar bem e se "queixar por vício"?
- Por que, em muitas ocasiões, nos queixamos por bobagens (mesmo que sejam injustas) e ficamos indiferentes diante das grandes injustiças que existem no mundo e também à nossa volta?

Algumas situações concretas que podemos colocar em prática, para determinar qual seria a resposta inibida, a agressiva e a assertiva, e depois ensaiar somente a assertiva, podem ser as seguintes: um amigo devolve a você um livro que você tinha lhe emprestado, e somente lhe diz: "Obrigado, é muito interessante", mas quando você o folheia percebe que várias páginas estão manchadas de café; um colega de turma fica fazendo escárnio de uma garota durante o intervalo, com uma atitude muito machista e você quer mostrar a ele que isso não está certo; você está assistindo a um filme muito interessante na TV e nesse momento chega seu irmão mais velho e sem lhe dizer nada, muda o canal para ver um jogo qualquer: o que você faria no caso de não querer brigar, mas também não querer aguentar essa injustiça; o professor manda você e mais dois colegas fazerem um trabalho e eles não fazem nada, confiando que você o fará porque é responsável e muito trabalhador; você está colaborando para recolher dinheiro para uma campanha contra a fome e seu irmão, ou um amigo muito íntimo seu, lhe diz que não vai lhe dar nada porque está economizando para comprar uma câmera digital melhor que a que ele tem.

Dizer "não"

Há aqueles que dizem não quando alguém pede um favor a eles e o fazem com a cara mais lavada do mundo e com egoísmo, já que de fato poderiam fazer perfeitamente esse favor. São egoístas e mal-educados. Mas também ocorre o contrário: há quem não sabe dizer não, por insegurança ou por um desejo excessivo de agradar e se enchem de responsabilidades alheias para as quais não têm nem forças e nem tempo. Saber dizer não, com firmeza mas sem deixar zangado quem lhe pede alguma coisa (portanto, com eficácia e justiça), é uma habilidade social difícil que requer maturidade, simpatia e bom humor.

Antes de discutirmos e praticarmos esta habilidade com os nossos filhos ou alunos, poderíamos dialogar um pouco sobre as seguintes ideias:

- O que se passa quando não sabemos dizer não.
- Se a conhecida fórmula (não me dá na telha) é assertiva ou agressiva.
- Como podemos distinguir se é justo ou injusto dizer não a quem nos pede um favor.

Alguns exemplos concretos para ensaiar e discutir o dizer não podem ser os seguintes: chegaram na sua casa uns amigos de seus pais e pedem para você tocar violão e para você cantar alguma coisa, mas, embora você o faça direito, nesse momento você não quer fazer isso e você quer dizer a eles assertivamente "não"; um colega que é um atrevido, pede para você fazer algumas coisas; uns amigos fazem questão de que você saia com eles nessa noite (ou que beba álcool caso você já tenha saído), mas você está muito cansado ou cansada e você decide não atrapalhar o programa deles e ficar em casa, ou não beber; seu irmão quer que você lhe empreste uma calça sua, bem novinha, sem estrear ainda, mas você não quer porque ele é muito sem cuidado com as coisas e pode acabar manchando ou amassando a calça.

Responder ao fracasso

Um fracasso (numa prova, ou num jogo, ou em tentar conseguir o afeto de alguém, ou ser aceito em um grupo) é uma vivência difícil que nos pode afundar na tristeza, ou nos levar à agressividade. Para se sobrepor a isso, precisamos de força de ânimo, bom humor e esperança. Seligman[2], o mais conhecido especialista em

[2] SELIGMAN, M. *Aprenda optimismo*. Barcelona: Grijalbo, 1998.

otimismo, nos diz que os que jogam a toalha diante de dificuldades que podem ser superadas, são pessimistas, e que são otimistas os que interpretam as dificuldades, e o próprio fracasso, como um sinal de que precisam se esforçar mais ainda. Sermos otimistas nesse sentido não é somente uma habilidade social maravilhosa, mas também uma habilidade básica da vida.

Antes de discutir as reações inibida, agressiva e assertiva, diante do fracasso, seria bom dialogar sobre as seguintes ideias:

- Se alguma vez você fracassou, conte-nos (se não for algo íntimo que você não quiser compartilhar) qual foi o fracasso que mais doeu na sua vida e o que você fez para superá-lo.
- Que prejuízos pode nos causar o não conseguir nos sobrepor ao fracasso.
- Se você compreende e concorda com a teoria de Seligman sobre o otimismo e o pessimismo, diferente do que costuma ser sempre.

Algumas situações concretas para discutir e ensaiar as possíveis respostas ao fracasso podem ser as seguintes: você está gostando muito de um garoto ou uma garota, mas ele(a) não liga mesmo para você; estava muito confiante em ser aprovado em uma matéria difícil que já tinha estudado muito, mas vejo no mural que fui reprovado; quero falar muito com meus pais, ou com um professor, mas me deixam no banho-maria e não ligam para meu pedido de falar com eles, demonstrando que não têm interesse algum em falar comigo; tínhamos planejado uma viagem neste verão com uns amigos e, no último momento, fico doente e não posso ir.

Combinar (também chamado de negociar)

À habilidade de negociar, de combinar coisas, pessoas e grupos que não estavam conseguindo se entender, chamamos de "habilidade social rainha". Na verdade, é a conclusão de todo o processo de nos relacionarmos bem uns com os outros e que já abordamos neste livro. Fisher, Ury e Patton[3], responsáveis pelo Departamento de Negociação da Universidade de Harvard, expuseram de forma brilhante e amena que não servem tanto a negociação branda

[3] FISHER, U. & PATTON, B. *Obtenga el sí*. Barcelona: Gestión, 2000.

quanto a negociação dura. A branda equivale ao que nós chamamos de inibição ou timidez: nessa classe de negociação, a gente acaba renunciando aos nossos direitos para não perder o elo afetivo com a outra parte negociadora. Numa negociação branda, uma das duas partes exige sem piedade à outra parte, e a branda sempre responde com frases como estas: "O que você quiser", "o que você disser", "tá certo, tá certo, mas não fique chateado". A negociação dura é a que conseguirá os maiores benefícios, mesmo que for pisando no outro e perdendo a amizade dele para sempre. É a negociação que os parlamentares costumam usar, é a negociação das grandes empresas e de todos os que têm o controle da situação.

Mas a única negociação justa e eficaz, a única que resolve o problema e torna possível continuar convivendo e trabalhando juntos é a negociação assertiva, a que Fisher e seus colegas chamam de "negociação objetiva". Resumindo, consiste em nos concentrarmos no problema (e não misturar a antipatia ou a simpatia que sintamos pelos negociadores), procurar por todas as possíveis alternativas de solução, levar em conta os interesses de ambas as partes e não somente os da parte mais poderosa, e escolher a alternativa mais justa e eficaz através de critérios mais objetivos, como por exemplo: segundo o que as pessoas sensatas pensarem, segundo o que os juízes tenham decidido em casos similares, etc. Para podermos negociar dessa forma, precisamos de uma predisposição para procurar o melhor e, portanto, sermos capazes de renunciar a posturas mais predeterminadas e buscarmos juntos o que for mais conveniente. É claro que isso só poderá ser alcançado depois de que ambas as partes envolvidas na negociação tenham atingido um alto grau cognitivo e um adequado desenvolvimento moral, como já explicamos nos capítulos anteriores.

Precisamos lembrar que negociar, combinar, é o ponto mais alto da relação humana. E que a alternativa de negociar (não querer negociar ou fracassar nas negociações) costuma ser a violência, seja no lar, entre o marido e a mulher, ou no intervalo das aulas entre colegas, ou numa favela com as gangues, ou nas ruas de Gaza com a "intifada" dos palestinos contra os israelenses.

Antes de discutirmos e praticarmos esta habilidade social rainha com os nossos filhos ou alunos, seria muito útil dialogar um pouco com eles sobre as ideias que acabamos de expor. Podemos fazê-lo assim, em blocos, ou através de um diálogo organizado com as seguintes perguntas:

- Vocês se lembram de alguns casos que vocês viram, na vida ou na televisão, de negociação branda ou de negociação dura?
- Vocês acham justo que, dentro do contexto de um acordo familiar ou num tratado internacional, o mais poderoso leve o que costumamos chamar de "a fatia do leão"? (você pode lembrar a eles que se trata de uma alusão a uma fábula de Esopo: o leão se associa a outros animais mais inferiores, como o lobo e a hiena, para caçar um cervo e depois dividi-lo entre todos. Mas quando chega a hora de dividi-lo, o leão fica com as três quartas partes e só deixa um pequeno pedaço para os outros animais. Quando questionado sobre o porquê dessa atitude, diz: "Porque eu me chamo leão", ameaçando-os se disserem qualquer coisa).
- "Separar as pessoas e o problema", significa que ninguém deve ser favorecido por um acordo por ser mais simpático ou mais gato, mas que também não deve ser tratado como se tivesse menos direito por ser antipático, feio ou encardido. Concordam?
- Ficando numa posição idealista, mas séria, que alternativas vocês proporiam numa negociação sobre o conflito árabe-israelense ou sobre o conflito basco ou sobre a imigração africana?

Além dessas grandes negociações políticas, poderíamos discutir e depois ensaiar algumas destas situações concretas: num grupo de amigos, uns querem ir à praia e outros querem fazer excursão e precisam negociar; se estamos com um amigo na fila da bilheteria do cinema, você vê um ingresso no chão e cada um dos dois acha que foi o primeiro que o viu e que o pegou: precisamos negociar; uma garota está negociando com os pais dela a hora de voltar para casa numa sexta-feira ou um sábado; a televisão está muito chata e você tem vontade de jogar xadrez com seu irmão, mas ele está com sono e não está com vontade: precisamos negociar.

Assim concluímos este capítulo, que foi dedicado a praticar as habilidades sociais. Como já dissemos uma e outra vez, para sermos socialmente capazes temos de ser assertivos, isto é, eficazes e justos. Por isso devemos fazer questão de que eles (filhos ou alunos) pratiquem essas habilidades sociais que acabamos de apresentar e que o façam sempre de forma assertiva, sem cair na passividade nem na agressividade. E também, mas isto já é secundário, que usem um tom de voz adequado, que respeitem uma certa distância e que saibam olhar o outro com naturalidade, pois os olhos podem transmitir amizade e confiança, mas também desprezo, desinteresse e desafio.

No capítulo seguinte falaremos justamente dos sentimentos. Porque às vezes temos o desenvolvimento cognitivo suficiente para saber o que podemos fazer e a maturidade moral necessária para ter bem claro o que devemos fazer. Mas não o fazemos. Muitas vezes sabemos que deveríamos nos calar, mas a raiva nos faz dizer o que não queríamos. Outras vezes bem sabemos que deveríamos advogar pelo outro e ficamos calados por medo ou inclusive participamos sorrindo e fazendo críticas que sabemos ser injustas. Ou seja, que muitas vezes não fazemos o que sabemos e o que devemos, o eficaz e o justo, por falta de equilíbrio emocional, por não conhecer ou dominar as nossas emoções. Falaremos disso no capítulo seguinte.

CAPÍTULO 10

O mágico mundo das emoções

Neste capítulo tentaremos entrar no maravilhoso e complexo mundo dos sentimentos. Jose Antonio Marina e María López Pena[1] em seu *Dicionário dos Sentimentos*, mencionavam uns 240 sentimentos, condensados em 21 tribos e 70 clãs. Nós vamos falar apenas dos 60 principais sentimentos, aqueles que qualquer adolescente deveria conhecer[2]. Não conhecê-los é ver-se motivado ou transbordado por eles, sem saber o que é o que nos move ou nos arrasta, é o que Daniel Goleman[3] chamou de "analfabetismo emocional".

A palavra "emoção" relaciona-se com o verbo "mover", com movimento ou com moção. Sem emoções a gente não se move. Uma pessoa que não tenha emoções ou sentimentos não seria capaz de decidir. Nunca decidimos por pura razão: nem quando a gente casa, nem quando vamos comprar uns sapatos, nem quando marcamos nossas férias, nem quando vamos estudar no momento em que estamos com vontade de jogar ou ver um filme. Para viver, precisamos das emoções e para nos darmos bem com as emoções é indispensável que tenhamos um alto nível de alfabetização emocional.

Nestes primeiros parágrafos, já estamos usando "emoções" e "sentimentos", como se fossem sinônimos, porque de fato podemos fazê-lo assim. Se quisermos ser muito exatos, as emoções são

---

[1] MARINA, J.A. & LÓPEZ PENA, M. *Diccionario de los Sentimientos*. Barcelona: Anagrama, 1999.

[2] Para este capítulo inteiro, vamos utilizar as ideias que expomos, Margarita Arca e eu, em *Educar as emoções e os sentimentos*. Madri: Nárcea, 2003.

[3] GOLEMAN, D. *Inteligencia Emocional*. Barcelona: Kairós, 1996.

impulsos automáticos que, no seu conjunto, constituem um sistema de adaptação ao meio. No entanto, os sentimentos são blocos de informação integrada, síntese, tanto de experiências anteriores, como dos desejos e do sistema de valores que cada um de nós possui. Mas na prática não precisamos fazer continuamente essa distinção entre emoções e sentimentos; o importante é que os filhos e os alunos aprendam a conhecer e lidar com umas e outros.

Para conseguir isso, tão belo e ao mesmo tempo tão difícil, neste capítulo vamos abordar primeiro, os *temas teóricos* no tocante ao mundo emocional e sentimental, depois abordaremos os *principais sentimentos* e *suas causas* e finalmente daremos algumas orientações singelas sobre o *controle* das emoções e dos sentimentos que podem nos prejudicar mais se não os controlamos.

Alguns temas teóricos

Identificar emoções e sentimentos

A primeira coisa que temos de aprender para não sermos analfabetos emocionais é identificarmos emoções e sentimentos. Reconhecê-los dentro de nós e adivinhá-los nos outros, pelos seus rostos, nas suas palavras e pelo tom como pronunciam essas palavras. Para começarmos esse trabalho podemos utilizar uns jogos muito simples: primeiro apresentamos aos filhos e alunos várias situações (ver mais abaixo), e pedimos que digam o nome do sentimento que, com certeza, está sentindo o protagonista dessa situação. Segundo, secretamente, distribuímos, a cada um deles, um papel com a situação e lhes pedimos que expressem com gestos e palavras, a emoção correspondente: aí os outros precisam adivinhar qual é essa emoção e, depois que o interessado ler a situação que estava escrita no papel, vão precisar julgar se essa emoção que expressou era a que realmente correspondia.

A seguir descrevemos algumas situações e, para ajudar pais ou professores, entre parênteses indicamos a emoção ou o sentimento que corresponderia a essa situação.

1) *Não há nada na TV e não tenho qualquer livro interessante para ler, nem ninguém com quem falar* (tédio).

2) *A uma mãe não lhe importa perder horas de sonho para cuidar do filho pequeno que está doente* (amor).

3) *Uma pessoa que tem medo dos elevadores está num deles subindo até o oitavo andar, mas no terceiro andar o elevador começa a fazer barulho, como se fosse enguiçar* (medo, angústia).

4) *Alguém passa por uma rua bonita, mas na calçada tem muito cocô de cachorro* (nojo, chateação).

5) *Uma pessoa tem um carro novo e bastante bom, mas quer comprar outro, de outra marca, que acha mais esportivo* (teimosia).

6) *Um garoto se incomoda quando vê sua namorada sendo carinhosa e brincalhona com outro garoto* (ciúmes).

7) *Uma garota se veste muito bem para ir a uma festa, mas quando chega no local da festa percebe que há mais duas garotas mais elegantes do que ela e com mais sucesso do que ela, e ela não gosta* (inveja).

8) *Uma mãe, com dois filhos adolescentes, opera um câncer e o cirurgião diz que a operação foi um sucesso e que é muito provável que se recupere totalmente, apesar da gravidade da situação* (esperança).

9) *Uma pessoa não pode suportar as baratas e sempre que vê uma delas, sai correndo atrás de alguém que possa matá-la* (fobia).

10) *No começo da sua relação, um homem e uma mulher amaram-se intensamente, depois começaram a se odiar por questões econômicas e da educação dos filhos; mas agora já não sentem nada um pelo outro* (indiferença).

11) *Um senhor apresenta uma reclamação justa (ou pelo menos é o que ele acha), num escritório do município e a funcionária lhe diz para não incomodar, que com certeza a Nota Fiscal está certa, sem precisar comprovar nada. Ele se altera demais e fica com vontade de bater na funcionária* (ira).

12) *Uma mulher jovem está estudando no exterior e numa tarde de domingo fica sozinha e se lembra do seu país, da luz, das pessoas, da música, e adoraria estar lá, na sua pátria e não tão longe* (saudades).

13) *Uma pessoa socialista vê vários policiais que patrulham as ruas da sua cidade e olha para eles com muito pesar, pois os considera uns invasores, o exército de uma potência estrangeira* (ódio).

14) *Um aluno muito inteligente está convencido de que todos os outros, incluindo os professores, são estúpidos* (soberba).

15) *Uma pessoa de bom coração vê na TV crianças do Rio de Janeiro, morando e dormindo nas ruas e quer fazer alguma coisa para ajudá-las* (solidariedade, compaixão).

16) *Uma mãe de família se esforçou para preparar uma boa comida para uma festa da família, com o único intuito de que todos gostem; mas no final do jantar ninguém lhe agradece por nada, e ainda lhe dizem que em outras ocasiões já fez jantares melhores* (tristeza, desapontamento).

17) *Numa elegante festa, uma senhora percebe que uma das suas meias caiu até o tornozelo e vê que todo mundo percebeu também* (vergonha).

Comunicação não-verbal

Nós costumamos transmitir as nossas ideias verbalmente, num percentual muito alto. No entanto, emoções e sentimentos somente se transmitem com palavras às pessoas que nos inspiram confiança e nem sempre, nem totalmente. O mais frequente é fazê-lo de forma não-verbal, através da expressão dos olhos ou da boca, pelo sorriso ou pela rigidez ou relaxamento do corpo, pela aproximação ou distanciamento com respeito à pessoa com quem se está falando. Também, na comunicação verbal, precisamos saber distinguir os diferentes tons com os quais as palavras podem ser ditas. Mesmo que as palavras sejam exatamente as mesmas, não significam o mesmo quando o tom é sério ou quando é de brincadeira ou mais ou menos brincadeira; quando o tom é cortante ou frio ou quando é quente e amistoso.

Perceber o que a outra pessoa está sentindo, como ela está por dentro e saber isso só de olhar no rosto dela ou de ouvir o tom da sua voz (sem importar o tema do que estiver falando), é um maravilhoso ponto de partida para começar relações eficazes e justas, ou seja, assertivas. Se percebemos que alguém está muito chateado, mesmo que ele disfarce, teremos cuidado para não irritá-lo mais ainda. Se percebemos que alguém está triste, mesmo que ele disfarce, poderemos lhe oferecer consolo e um abraço. Se percebemos que alguém está cansado e estressado, poderemos lhe dizer alguma coisa que o tranquilize. Estar alfabetizado quer dizer saber ler e escrever, e estar alfabetizado emocionalmente quer dizer saber ler os sentimentos alheios e saber expressar muito bem os seus próprios.

Patologia emocional

O analfabetismo emocional que acabamos de mencionar, ou seja, não entender, nem o nosso mundo emocional nem o dos outros, não saber ler os sentimentos alheios e não saber expressar os nossos, pode tornar-se, caso não seja corrigido a tempo, uma verdadeira patologia que nos impedirá, ou dificultará muito, nossas relações com ou outros.

Quando o não saber expressar os próprios sentimentos atinge extremos patológicos, chama-se "alexitimia", palavra de origem grega que quer dizer "incapacidade para exprimir as próprias emoções". Goleman conta o caso de um médico amigo seu que nem quando namorava, nem quando casou, nunca disse à mulher dele que a amava. Um dia, meio desesperada, ela perguntou a ele: "Será que você não pode me dizer pelo menos uma vez na vida que me ama?" E, fazendo um grande esforço, ele respondeu: "Se eu não a amasse não continuaria casado com você". Foi o máximo que ela conseguiu tirar dele e não é que ele não quisesse, é que não sabia expressá-lo. Existem muito mais pessoas do que pensamos que estão perto da alexitimia.

Sentimentos agradáveis e sentimentos adequados

Existem sentimentos que de fato são agradáveis e outros que são certamente desagradáveis. Agradáveis são a alegria, a paz, a serenidade, o sentir-se amado, sentir esperança, experimentar entusiasmo. Desagradáveis o são a tristeza, a ira, o sentir ódio, o desespero, os ciúmes, a vergonha, o medo. Os sentimentos agradáveis são assim para os homens e mulheres de todas as culturas. A mesma coisa acontece com os desagradáveis: perceber uns como agradáveis e outros como os que incomodam é um fenômeno universal.

Mas também existem sentimentos adequados e sentimentos inadequados e isso já não fica muito claro, e nem é tão universalmente admitido. Vou explicar o que são os sentimentos adequados e os sentimentos inadequados com alguns exemplos. Se fico sabendo que alguém fez um comentário negativo sobre mim, é lógico sentir um desagrado e é correto tomar a decisão de falar com essa pessoa para esclarecer com ela esse comentário que fez e para lhe dizer que doeu e que não esperava isso dela. Mas não é certo sentir ira por um comentário sem relevância e é inadequado, injusto e perigoso resolver quebrar a cara de quem o fez. Outro exemplo: se hoje eu tenho uma entrevista para arrumar um emprego, é adequado e inevitável um sentimento de nervosismo e me preocupar por me apresentar bem e passar uma boa imagem; mas seria inadequado sentir angústia e ficar pensando coisas como: "Se eu não conseguir esse emprego acho que vou morrer", ou "eu não suporto um novo fracasso", pois esses pensamentos vão aumentar nossa ansiedade e arriscarão o sucesso da entrevista. Outro exemplo mais grave ainda: se um ser amado morrer é adequado e natural sentir tristeza, até porque seria não-humano não senti-la. Nesse caso, quando perdemos alguém muito querido, seria lógico pensar: "Eu vou sentir muito sua falta; a vida, às vezes, é muito dura", e, se eu tiver fé, rezar por ele. Mas seria inadequado se desesperar, deixar-se cair na depressão profunda e pensar coisas como: "Nunca vou poder superar", "é injusto", "eu não posso viver, não aguento mais".

Nem todos os sentimentos são adequados, como também nem todos os pensamentos são lógicos. Os sentimentos devem-nos ajudar a viver, a nos esforçarmos por viver melhor a cada dia. Mas existem sentimentos que podem afundar e nos destruir a vida. São esses os que temos de apreender a controlar, como veremos no final deste capítulo.

Sentimentos múltiplos simultâneos

Podemos ter, ao mesmo tempo, vários sentimentos diferentes. Geralmente os temos, a não ser que exista um muito forte que se sobreponha aos outros. Logicamente que entre esses sentimentos simultâneos sempre haverá alguns mais fortes e outros mais fracos, mas também os fracos têm a importância deles, mesmo que sejam muito tênues. Às vezes os sentimentos simultâneos são contraditórios e aí podem nos dificultar seriamente se quisermos tomar uma decisão.

Alguns exemplos. Um garoto e uma garota que lhes oferecem drogas ou álcool numa festa podem ter estes sentimentos simultâneos: vontade de experimentar e curiosidade, medo de que possa lhes fazer mal; medo de que seus amigos zombem deles se não experimentam; carinho pelos seus amigos e vontade de satisfazer o desejo deles, ou também desgosto e inclusive ira contra esses amigos que os estão colocando numa situação difícil e ridícula. Outro exemplo: um marido que escuta sua mulher contando a uns amigos dela uma história que ele já ouviu muitas vezes, pode sentir, ao mesmo tempo, tédio, medo de que os amigos achem a história ridícula, ternura e amor pela mulher dele, que está se esforçando para manter o pique da reunião, certa atração por alguma das amigas presentes. Outro exemplo: um aluno acaba de ser chamado a atenção com muita rispidez pelo seu professor, mas está ouvindo esse professor falar brilhantemente um tema interessante de literatura ou de geografia humana e, enquanto o escuta, pode experimentar estes sentimentos: raiva, e inclusive ódio contra o professor porque chamou a atenção dele, ao mesmo tempo em que sente interesse pelo que ele está dizendo e também admiração pelo brilhantismo com que o explica, ou pode sentir desprezo pelo tema abordado e vontade de se vingar do professor armando uma cena de violência.

Como já dissemos antes, entre esses sentimentos simultâneos costuma existir um ou dois que predominam, embora, às vezes, nenhum dos dois se sobreponha e aí a confusão pode ser grande. Entender essas tormentas interiores será de grande valia para nos conhecermos e para conhecer os outros. E entender os sentimentos dos outros, que podem ser muito diferentes dos nossos numa mesma situação, é uma das habilidades humanas que mais maturidade e mais riqueza de personalidade oferece a quem a possui, incluindo os adolescentes. Muitas brigas, discussões e situações conflitantes poderiam acabar de vez se fôssemos capazes de entender o que a outra pessoa está sentindo nesse momento.

Os principais sentimentos e suas causas

Vamos fazer um rápido percurso pelos sentimentos mais importantes e frequentes. Se conseguirmos que os nossos filhos e alunos nos acompanhem nesse percurso, eles conseguirão, com certeza, conhecer esses sentimentos e compreenderão qual é a causa de cada um deles, e assim não se sentirão perdidos no intrincado mundo das emoções e dos sentimentos. Para as definições de emoções e sentimentos, seguiremos o esquema de Marina López Penas, com algumas mudanças ou ajustes.

A alegria, seus afins e contrários

A *alegria* é um sentimento muito agradável, como se fosse liberdade e um alargamento do espírito, que é provocado pelo cumprimento dos nossos desejos e projetos, como, por exemplo, encontrar uma pessoa muito querida, ou passar numa prova (principalmente se essa prova era difícil), ou nos curarmos de uma doença ou de uma ferida, ou curtir um filme bem divertido ou interessante.

Junto com a alegria vêm os sentimentos de *satisfação*, que é uma espécie de tranquilidade quando algo foi ótimo para nós; *felicidade*, que é um sentimento duradouro e intenso, uma sensação de plenitude, onde não sentimos falta de nada; *júbilo*, que é uma alegria intensa, comunicativa e expansiva, e que vem acompanhada de demonstrações externas; *êxtase*, que é quando nos sentimos totalmente envoltos pela admiração e pela alegria, perdendo a noção de tempo e espaço.

Em contraposição à alegria temos: a *tristeza*, que é um sentimento desagradável, provocado pela perda de algo ou de alguém muito querido, ou por alguma desgraça ou contrariedade, e costuma vir acompanhado de passividade e de vontade de se isolar. Também a *melancolia*, que é uma tristeza suave e difusa, e que vem acompanhada de languidez e divagações, e que costuma ter causas desconhecidas. Ainda mais suave é a nostalgia, que é provocada pela distância dos seres que amamos ou dos lugares que amamos e que vem acompanhada da vontade de reencontrá-los.

Após a exposição destes oito sentimentos da família da alegria, e depois de termos compreendido suas definições, num diálogo rápido e ameno com os filhos e alunos, podemos lhes dar exemplos de situações concretas onde estiverem presentes cada um dos sentimentos abordados aqui e pedir a eles que nos deem outros exemplos para ter certeza de que realmente entenderam bem as nuances e as diferenças entre cada um dos sentimentos.

A esperança

A *esperança* é um sentimento agradável que provém de acharmos possível alguma coisa. A *ilusão* (descartando o sentido pejorativo de nos deixarmos enganar) é a esperança muito mais viva, quando vemos mais próximo aquilo que desejamos; esse sentimento de ilusão nos mobiliza. O *entusiasmo* é uma esperança que impulsiona a ação, é se sentir fascinado por algo que gera no nosso espírito um verdadeiro fogo para agir. O *otimismo* não é ver tudo cor-de-rosa, e sim ter forças para se sobrepor às dificuldades: é assim definido por Seligman[4], o maior especialista em otimismo. A *surpresa* pode ser um sentimento agradável ou desagradável, quando percebemos algo inesperado ou novo.

Os sentimentos contrários à esperança são: a *decepção*, sentimento desagradável que surge ao constatar que algo a que tínhamos direito de esperar não se cumprirá ou que alguém em quem confiávamos não merece mais essa confiança. O *desespero* é uma aflição muito intensa, por causa da perda total da esperança, e costuma vir acompanhado do mais profundo pesar, da agressividade para com os outros ou com a gente mesmo, e vontade de se suicidar. Finalmente, temos o *desapontamento*, que é quando perdemos a fé em alguma coisa ou em alguém em quem, sem muita justificativa, tínhamos acreditado; parece com a decepção, mas na decepção existiam motivos justificados para esperar e no desapontamento não; fomos enganados do começo e agora nos desapontamos.

Como fizemos ao falarmos da alegria, também agora poderemos dar e pedir exemplos concretos desses oito sentimentos que pertencem à família da esperança.

---

[4] SELIGMAN, M. *Aprenda optimismo*. Op. cit.

O medo e a vergonha

O *medo* é uma emoção desagradável quando percebemos um perigo e vem acompanhado da vontade de fugir. Também na *vergonha*, aparece essa vontade de fugir, de se esconder, gerada pela possibilidade ou o fato de que os outros possam ver alguma falta nossa ou que possam descobrir alguma coisa que nós não queríamos que fosse descoberta. Muito vinculado ao medo está o *temor*, que é um medo menos intenso, mais suave; enquanto que o *pânico* é um medo intenso e súbito, que frequentemente nos impede de fugir porque simplesmente nos paralisa. Também é muito intenso o *terror*, que é muito mais duradouro: é um medo intenso mas que se estende no tempo, ou exemplo, num filme de terror ou em função dos atos terroristas. Concluindo, temos a *fobia*, que é um sentimento de medo, recusa e aversão, é intenso, irracional e incontrolável, que sentimos diante de alguns objetos, diante de alguns animais ou diante de situações insuportáveis; o que diferencia a fobia dos outros sentimentos é que ela é irracional e só a vencemos com um tratamento adequado e às vezes muito prolongado.

Contrária ao medo é a *coragem*, que é um estado positivo de espírito (chama-se presença de espírito), com o qual uma pessoa, mesmo percebendo os perigos e as dificuldades em fazer ou dizer alguma coisa, despreza o medo e age com liberdade e energia. A coragem, quando no limite, nos dá forças para nos expormos a perigos prováveis e então se torna *audácia*; o extremo da audácia seria a *temeridade*, que já é uma atitude muito perigosa quando desafiamos um perigo quase certo ou iminente e essa atitude temerária deve ser evitada.

Relacionados à vergonha estão o sentimento ou o "complexo" de *inferioridade*, que se produz pela percepção não muito favorável da própria imagem, quando a comparamos ou com os outros ou com o ideal, e que facilmente desemboca num sentimento de impotência de desalento. A *culpabilidade* ou sentimento de culpa é como se fosse a internalização da vergonha, é sentir vergonha diante de nós mesmos; é bom se sentir responsável do mal que nós causamos, mas é ruim esse remorso que não acaba e que não conserta o mal que fez mas que é direcionado ao nosso próprio castigo, como se dessa forma fizéssemos justiça.

Contrária aos sentimentos relacionados com a vergonha é a elevada *autoestima*, que é um sentimento de segurança, uma avaliação positiva de si mesmo (ainda que reconheçamos os próprios defeitos) e que leva a pessoa a se sentir capaz de enfrentar os desafios da vida e a se considerar digno de ser amado. É assim como a define claramente Branden[5], o grande especialista.

Uma vez concluído este percurso com os nossos filhos e alunos pelas famílias do medo e a vergonha (já explicamos doze sentimentos no total), podemos iniciar um diálogo com eles para que se lembrem de momentos das suas vidas, ou filmes, ou romances em que apareçam exemplos desses sentimentos e depois discutir com eles se esses doze sentimentos podem ser úteis, mesmo que muitos deles sejam desagradáveis. Nesse diálogo, podemos nos deter mais na vergonha e na sua relação com o mundo dos valores morais, já que muitos dizem que "hoje em dia já ninguém tem mais vergonha". Também podemos falar da culpabilidade e de como evitá-la e da elevada autoestima e como consegui-la. Sobre como superar as fobias, daremos algumas idéias no fim deste capítulo.

Desejo, tédio e nojo

O *desejo* pode ser definido como sendo a tendência para alguma coisa que vem junto da insatisfação por não tê-la. O desejo pode ser um sentimento muito positivo (como o perdão dos budistas!) que nos motiva interiormente para agir, mas que também pode acabar sendo uma *teimosia*, que é um desejo irracional e que costuma ser efêmero, mesmo que não o seja sempre, já que existem teimosias muito persistentes. Também pertence a essa família o *capricho,* que é um desejo repentino e injustificado e que se atribui especialmente a mulheres grávidas, mas que de forma alguma é exclusivo delas.

Teimosia e capricho são corrupções do desejo, mas acabam se transformando nele. São sentimenos totalmente opostos ao verdadeiro desejo: o *desinteresse,* que é a ausência total ou quase total de desejo; o *tédio*, que é um sentimento desagradável produzido por alguma coisa repetitiva ou sem interesse e que vai acompanhado

[5] BRANDEN, N. *El poder de la autoestima.* 2. ed. Madri: Nárcea 1997.

de uma sensação de extensão do tempo e o *desânimo*, que é a passividade e o desinteresse diante dos estímulos. Diametralmente oposto ao desejo está o *nojo*, sentimento muito desagradável que provém de uma causa física ou psíquica que nos causa repulsa, da qual o nojo nos obriga a nos separar e a nos afastar rapidamente.

Depois de ter já explicado aos nossos filhos ou alunos sobre estes sete sentimentos da família do desejo, seria bom puxar a conversa no sentido da teimosia e sua relação com a sociedade de consumo, e depois falar sobre o desânimo que é tão frequente, inclusive entre os jovens. Podemos mostrar-lhes que o ser humano nasce motivado no sentido de saber, de apreender: quando são bebês exploram a casa inteira engatinhando, tocam em tudo, tentam enfiar os dedos na tomada, quebram os brinquedos para ver o que têm dentro; poucos anos depois cansam os pais perguntando a eles sobre todas as coisas que veem e sobre tudo o que acontece. Mas depois, na escola, vão perdendo o interesse e começam a não reparar nas coisas com frequência. O que aconteceu? É muito útil deixar claro com os filhos e os alunos que a motivação costuma surgir quando temos ideias claras e objetivos bem definidos pelos quais nós estamos dispostos a lutar. Uma pessoa sem objetivos é uma pessoa meio morta, uma pessoa sem ânimo é um motor desligado.

A inveja e os ciúmes

A inveja é um sentimento de mal-estar, raiva e tristeza diante do bem que outra pessoa tem, junto com o desejo de que essa outra pessoa perca esse bem. No entanto, os *ciúmes* são o temor de que o outro nos deixe sem o amor da pessoa que amamos.

Em contraposição aos ciúmes e ainda mais à inveja, temos a *solidariedade* (solidariedade vem da mesma raiz de solda), e é se sentir uma coisa só com quem sofre um ataque na sua vida, um ataque a sua dignidade ou aos seus bens. A solidariedade precisa ser demonstrada com fatos, na prática da justiça e na luta contra a injustiça.

Num diálogo sincero e confiante podemos discutir sobre a inveja e os ciúmes. Podemos falar sobre por que a inveja e o invejoso costumam ser tão desprezados por todos; seria bom discutir se os ciúmes acontecem somente no casal ou também entre irmãos e companheiros e se os ciúmes surgem somente por causa do amor ou se envolvem também um complexo de inferioridade e de insegurança que nos faz procurar pelo sentimento de posse total. Seria especialmente útil conversar sobre como vencer a inveja e convertê-la em alegria pelo bem alheio e sobre como dominar os ciúmes e convertê-los em mais amor.

Ira, ansiedade, serenidade

A ira pode ser um dos sentimentos humanos mais violentos e prejudiciais, embora também possa ser positiva quando a podemos controlar, para nos fazer reagir contra a injustiça e o abuso. A ira surge de um obstáculo, de uma ameaça ou de uma ofensa e nos leva a recusar ou às vezes destruir o causador desse obstáculo, dessa ameaça ou dessa ofensa. Se a ira é leve, chamamo-la de *chateação*; se fica por muito tempo e gera ódio pelo causador, chamamo-la de *rancor*; se for intensa, um pouco passageira e com agressividade, chamamo-la de *raiva*. Finalmente, a *impaciência* é intranquilidade e nervosismo, vontade de fazer alguma coisa, diante da demora de alguma coisa que desejamos.

Uma reação diferente diante dos pensamentos de temor ou de ameaça é a *ansiedade*, que é uma reação de querer fugir muito mais do que de agressão, e que costuma vir acompanhada do desejo de fumar ou de comer muito, ir de um lugar a outro, tensão muscular, sensação de falta de ar e dor de cabeça. A palavra *angústia* é usada, às vezes, como sinônimo de ansiedade, mas é uma ansiedade mais aguda, que vem junto do medo e de uma sensação profunda de falta de ar, de termos chegado no limite.

Em contraposição, tanto à ira quanto à ansiedade, temos a *serenidade*, que é um sentimento agradável que nos vem pela consciência que temos de poder controlar todos os nossos sentimentos e pensamentos desagradáveis, e por saber desfrutar dos momentos e das sensações agradáveis. É a profunda paz.

Na conversa das conclusões, podemos falar com confiança da frequência e da intensidade com que tanto a ira como a ansiedade, os afetam e se eles encontram facilmente, ao seu redor, essas duas emoções, ou somente em algumas ocasiões. Podemos conversar com eles sobre qual atitude costumam tomar quando encontram alguém chateado ou angustiado. No fim deste capítulo vamos falar sobre as técnicas para controlar a ansiedade e a ira: podem-se consultar já esses parágrafos e discutir as técnicas que ali se expõem.

O orgulho e a soberba

O orgulho é um sentimento que tem duas acepções, uma boa e a outra ruim. O *orgulho são* é um sentimento agradável, de respeito para com nós mesmos, e é gerado pela própria dignidade ou por uma ação de muito valor que nós realizamos. Pelo contrário, o *orgulho ruim* acontece quando essa consciência sobre a própria importância das coisas vem acompanhada de altivez e de desprezo pelos outros. O extremo desse orgulho ruim é a *soberba*, que traz consigo grande desprezo pelos outros e o desejo de ser reconhecido como sendo o melhor ou o mais inteligente e capaz. A *superioridade* é um sentimento de segurança, quando nos comparamos com os outros e pensamos então que estamos acima deles, mesmo que não os desprezemos. A *arrogância* também não é soberba: é um orgulho e uma superioridade que se manifesta em gestos e palavras e que pode ter um sentido positivo, no sentido da coragem, da boa aparência, e da falta de timidez.

Os sentimentos que se contrapõem ao orgulho e à soberba são a humildade e a simplicidade; também podemos acrescentar a proximidade. *Humildade* é quando não nos achamos acima de ninguém, é saber reconhecer o que de bom têm os outros e, como dizia Teresa de Ávila[6], fica muito próxima da verdade, da objetividade. *Simplicidade* é a humildade que expressamos quando tratamos alguém diretamente e sem complicações, evitando os subterfúgios e tudo o que implique dar importância a nós mesmos. A *proximidade* é um sentimento agradável e quente: os que tratam com uma pessoa humilde e simples sentem que essa pessoa está aberta à amizade, que não tem limites, que nos oferece confiança.

Depois de termos estudado e discutido esses oito sentimentos relacionados com a soberba e a humildade, podemos estabelecer uma conversa para tentar definir de onde provém a soberba e o orgulho e se nos afetam e afetam aos que convivem conosco. Para

[6] TERESA DE JESÚS. *Obras completas*. 4. ed. Madri: Espiritualidad, 1994.

começar o diálogo, podemos fazê-lo com estes versos de Gustavo Aldolfo Bécquer[7]:

> *Aparecia nos seus olhos uma lágrima*
> *e no meu lábio, uma frase de perdão;*
> *falou o orgulho e enxugou seu pranto,*
> *e a frase nos meus lábios acabou.*
> *Eu vou por um caminho, ela por outro;*
> *mas ao pensar no nosso amor,*
> *eu ainda digo: por qual rua naquele dia?*
> *E ela diria: por que eu não chorei?*

Amor, que move o sol e as estrelas

Para começar a conversa, com certa ordem e profundidade, sobre o tema do amor e da paixão, que é tão básico para os adolescentes e jovens, podemos colocar-lhes três perguntas: se podem mostrar com exatidão as diferenças que existem entre amor e atração sexual; se podem explicar com palavras o que é a paixão e onde difere do amor; se acham que estar apaixonado enriquece a vida ou, como alguns pensam, o amor nos torna cegos e nos deixa meio tontos. Também é interessante discutir por que a pintura, a escultura e o cinema expressam o amor num gesto físico e se essa expressão é mais ou menos completa que a poesia e o romance usam, usando as palavras.

O *amor*, nós o conhecemos muito bem nos seus três grandes protótipos: o material, o erótico e o da amizade. Todos o conhecemos, mas não é fácil defini-lo. É vontade, agrado, responsabilidade, sentir que essa pessoa faz parte essencial da minha vida, procurar pelo seu bem, querer ficar sempre com ela. Logo falaremos mais sobre o amor, expondo as ideias de Erich Fromm sobre o que o núcleo constitui, o âmago do amor.

À família do amor pertence o *respeito*, que é o sentimento que surge em nós quando percebemos os valores da outra pessoa e nos faz sentir veneração por ela e uma espécie de submissão que é natural. A *admiração* é muito parecida, mas este sentimento pode ser

[7] BÉCQUER, G.A. *Rimas*. Madri: Cátedra, 1982 [Rima XXX].

experimentado não somente diante de pessoas extraordinárias, mas também diante de uma música ou uma obra de arte maravilhosa e consiste numa afeição profunda e verdadeira. A *amizade* é um sentimento mútuo, muito agradável, que nos leva a desejar a companhia e a comunicação com o amigo e a procurar o seu bem; é um amor que não exclui e que tende a conseguir a igualdade entre os que o sentem. A *afeição* surge quando descobrimos a beleza, a graça e a simpatia de uma pessoa, e sentimos o desejo de demonstrar-lhe o nosso carinho: é estável e duradoura, e tranquila, não é uma atração violenta ou passageira.

Falar da *paixão* é falar de algo que é muito sério, algo que não é essa coisa vulgar que as canções e os filmes medíocres abordam frequentemente. Quando nos apaixonamos, não somente percebemos qualidades da pessoa, mas também começamos a enxergá-la como alguém único: essa pessoa "começa a preencher toda a nossa tela" segundo Ortega y Gasset[8]. Então sentimos atração por ela (a isso chamamos de tentativa de conquista). É um sentimento que vai acompanhado de uma certa exaltação, que podemos detectá-lo num certo brilho nos olhos, pois o corpo da pessoa que está apaixonada produz uma certa quantidade de anfetaminas. Mas também, e ao mesmo tempo, podem surgir o medo e a preocupação diante da possibilidade de não ser correspondido.

Em contraposição ao amor estão o ódio e o desprezo, e principalmente a indiferença. O *ódio* nasce quando os outros agem de forma contrária ao que queremos. E também, e principalmente, se pensarmos que eles o fazem para nos ofender ou para nos incomodar. O ódio é uma aversão prolongada que desemboca no desejo de você se afastar dessa pessoa ou de acabar com ela; pode atingir níveis altíssimos e nos dominar durante anos ou inclusive durante toda a nossa vida. O *desprezo* é um sentimento de afastamento e de recusa com respeito a alguém ou a uma conversa ou espetáculo, por considerá-lo sem mérito nem interesse, embora o desprezo não venha acompanhado da vontade de fazer mal a essas pessoas. A *indiferença* pode ter vários desdobramentos:

---

[8] ORTEGA Y GASSET, J. *Estudios sobre el amor humano*. Madri: Revista de Occidente, 1940.

- Não se tem preferência, e sim dá no mesmo uma coisa ou outra, uma pessoa ou outra, um trabalho ou outro, um lugar ou outro.
- Não nos sentimos atingidos por comentários, críticas ou pelas propostas dos outros.
- Seu sentido mais frequente é o mais negativo: não sentir amor nem apreço por ninguém, ou perder o amor e o apreço que tínhamos por alguém. Parece-se com o desprezo, mas é mais frio, menos apaixonado. É a morte total do amor.

Erich Fromm[9], nos seus livros *A arte de amar* e *O medo à liberdade*, expôs ideias claras e singelas sobre o amor que tiveram uma enorme aceitação em todo o Ocidente. Ele diz que o desejo mais profundo e o motor mais potente dos seres humanos não é o instinto sexual (e nisto ele faz uma correção ao seu mestre Freud), mas o desejo de se relacionar. A sociedade pode ser positiva e fecunda quando a escolhemos por vontade própria, para ler, meditar, ouvir música, ficar calmos. Mas quando nos sentimos afastados dos outros, sentimento que Fromm batizou com o nome de "separação", é sempre negativo, é como ficar pendurado no vazio. Ele diz que, por medo da separação, alguns começam a sentir medo da solidão e da liberdade, pois a liberdade traz atrelada a ela uma certa solidão. E esse medo os leva a escolher falsos caminhos para achar a saída:

a) Alguns procuram por estados de exaltação como os criados pela bebida, as drogas, a música que arrebenta os ouvidos e assim não se sentem sozinhos, mas experimentam uma certa camaradagem com os outros participantes dessa festa de exaltação dos sentidos.

b) Outros escolhem o caminho da submissão, do conformismo, de se deixar dominar. Quando se submetem à outra pessoa, sentem-se atrelados a ela, mas destrói-se nossa personalidade: o extremo dessa atitude é o masoquismo.

c) Outros decidem ir pelo caminho oposto, que é dominar a outra pessoa, ficar dono dela: assim sentimos um elo mútuo, forte

[9] FROMM, E. *El arte de amar*. Barcelona: Paidós, 1997. • *El miedo a la libertad*. Barcelona: Paidós, 1981.

mas falso; seu extremo é o sadismo, podendo chegar à crueldade e à violência física ou sexual.

Finalmente, Erich Fromm atreve-se a dizer, com exatidão, quais são os elementos que compõem o amor, ou que pelo menos são indispensáveis para que o amor exista. O primeiro desses elementos é o *interesse*: que a pessoa que amamos signifique algo muito especial para quem a ama, que seja interessante para ele ou para ela de uma forma nova e única. O segundo elemento do amor é a *responsabilidade*: quem ama se sente responsável de fazer com que a pessoa amada cresça, de ajudá-la a tirar de si mesma o que de melhor ela tem, como nos diz brilhantemente Pablo Neruda[10] "eu quero fazer com você o que a primavera faz com as cerejeiras"; essa responsabilidade é a atitude diametralmente oposta à de Caim, que perguntava: "Eu por acaso sou o protetor do meu irmão?" O terceiro elemento básico do amor é o *respeito*, que é saber apreciar os valores do outro e não invadir sua autonomia, nem se apossar das suas decisões; é o oposto da manipulação e da exploração. Finalmente, o quarto e último componente do amor, segundo Fromm, é o *conhecimento*, que é quando queremos saber como a outra pessoa é, o que pensa, quais são seus objetivos na vida, quais são seus valores; isso nos exige um diálogo frequente, um desejo mútuo de contar-se as coisas, uma comunicação fácil e sincera.

Podemos concluir então, sem necessidade agora de citar Fromm, que o amor autêntico entre duas pessoas deve se tornar o aspecto mais importante das suas vidas, e sem isso a vida não faz sentido. Neruda[11] assim o expressou:

> *Talvez não ser é ser sem que você seja.*
> *Sem que você seja, enfim, sem que você venha*
> *Forte, incitante, a conhecer minha vida,*
> *rajada de roseiral, trigo do vento,*
> *e desde então sou porque você é,*
> *e desde então você é, sou e somos,*
> *e por amor serei, serás, seremos.*

---

[10] NERUDA, P. *Veinte poemas de amor y una canción desesperada*. Santiago de Chile: [s.e.], 1954.

[11] NERUDA, P. *Sonetos*. Santiago de Chile: [s.e.], 1969.

Quando os sentimentos e as emoções transbordam

Nesta terceira parte do nosso percurso pelos sentimentos e emoções, vamos indicar algumas técnicas simples, talvez sejam caseiras, para controlar alguns sentimentos, que, em função da sua intensidade sem limites ou por serem perigosos, podem-nos dificultar ou complicar a vida, em vez torná-la mais amena. Naturalmente que, quando algum problema emocional for verdadeiramente sério ou patológico, teremos que ir ao médico; mas muitos problemas na vida podem ser resolvidos com a ajuda dos amigos e com um pouco de sentido comum.

O controle da ira

Uma solução popular contra a ira é "contar até dez" antes de falar quando a gente está chateado. Não é uma solução errada. Mark Twain[12], quando alguém o incomodava criticando seus romances, contos ou artigos, escrevia uma carta taxativa, onde expunha todas as verdade ao crítico. Não mandava a carta, mas a guardava no bolso durante três dias. Quando chegava o terceiro dia voltava a lê-la e se a achava justa, então a mandava pelo correio, senão a rasgava. Essa é outra forma de contar até dez que podemos usar ao ligar para alguém ou ao mandar uma mensagem a quem nos ofendeu ou nos incomodou. Também podemos usar essa tática quando tentarmos nos encontrar com essa pessoa que nos ofendeu: deixar passar umas horas ou alguns dias.

Experiências clássicas demonstraram que é mais fácil vencermos a ira no começo, quando ainda não atingiu seu ponto culminante, que, quando já atingiu seu mais alto grau. A principal dificuldade que esta técnica tem é que muitas vezes não queremos frear a ira no começo, e sim deixamos que aumente, porque a ira nos passa uma falsa sensação de proteção para enfrentar qualquer um. Mas o sentido comum nos diz que a ira não é boa, que nos faz sofrer, que às vezes nos leva a dizer ou fazer coisas das quais poderemos nos arrepender depois. Por isso, é melhor nos livrarmos dela o mais rápido possível, como o fazemos com a febre. Se uma discussão com outra pessoa nos enche de ira, o melhor que podemos

[12] Apud MARINOFF, ver a nota 14.

fazer é nos afastarmos dela e deixar a conversa para outro momento em que estivermos mais calmos. Se eu julgar que o trabalho do árbitro está prejudicando o meu time, o mais sensato é deixar o estádio ou me afastar da televisão o mais rápido possível para não sofrer um infarto.

Outra técnica que pode ser a continuação natural da anterior, é fazer exercícios físicos não-violentos quando temos um surto de ira. Caminhar ou nadar tranquilamente até serenar a alma. No entanto, não é bom bater com um travesseiro pensando que estamos batendo na pessoa que nos causou a ira. Também não é bom aumentar a adrenalina, praticando esportes violentos, como o boxe ou vendo-os na TV.

O controle dos medos

Precisamos deixar bem claro que agora não estamos falando de medos sensatos, racionais, que podem, inclusive, nos salvar a vida. Como o medo que sentimos quando passamos diante de um cachorro muito feroz que está solto ou onde há delinquentes possivelmente armados. Ou o medo de corrermos com o carro, principalmente se ainda não sou um motorista muito experiente. Ou o medo de voar num teco-teco com um piloto meio maluco. Ou o medo de pular de um trampolim muito alto ou de uns rochedos muito perigosos. Todos esses medos são muito sadios e precisamos prestar-lhes toda a atenção possível em vez de descartá-los.

Nós nos referimos aos medos irracionais que costumamos chamar de fobias e que nos paralisam ou que pelo menos nos impedem de viver normalmente. Como o medo de avião, por exemplo, o medo de entrar num elevador, o medo das baratas, etc. Ou o medo cheio de angústia de contrair uma doença grave, ou da morte de um ser querido, sem ter, em qualquer um dos casos, um motivo real para senti-los.

Para combater esses medos ou fobias, os dois métodos mais eficazes são a falta de sensibilidade sistemática e a inoculação de estresse.

Para a *falta de sensibilidade sistemática* precisamos, primeiramente, ensinar a pessoa a ficar completamente relaxada, física e mentalmente. O relaxamento muscular podemos consegui-lo apertando e relaxando cada músculo do corpo, desde os dedos dos pés até a cabeça, ao mesmo tempo em que respiramos bem devagar. Começando a juntar o relaxamento físico com o mental, ao mesmo tempo em que fazemos esses exercícios musculares, podemos ir repetindo, bem devagar e várias vezes, um "mantra", como, por exemplo, o "OM", ou podemos imaginar que a gente é um boneco de trapo e que, aos poucos, os braços, a cabeça e as pernas vão caindo. O relaxamento mental alcança-se pensando em momentos agradáveis que já passaram ou com possíveis situações que nos darão prazer no futuro.

Uma vez que a pessoa aprendeu a conseguir o relaxamento profundo sempre que o quiser, deve imaginar a situação concreta que faz nascer nele o medo irracional, mas bem devagar, com dosagens bem pequenas e que aos poucos vão aumentando. Por exemplo, se tem medo de elevador, deve pensar que está indo para a casa de uns amigos e que não vai ter mais jeito a não ser subir de elevador, porque eles moram num andar bem alto. Num primeiro momento, pensa que ainda vai pela rua, para a casa dos seus amigos e caso esse pensamento já lhe possa gerar medo ou angústia, deve fazer imediatamente o exercício de relaxamento, até se acalmar por completo. A seguir, ou na seguinte sessão, deverá imaginar o segundo passo: que está adentrando o saguão do prédio dos seus amigos e que vai em direção à chamada do elevador. Se a angústia voltar, deve fazer imediatamente o exercício de relaxamento, até se acalmar por completo, e deve repetir o relaxamento. Mais tarde, ou outro dia, fará o terceiro passo: imagina que está entrando no elevador e que aperta o botão do andar onde moram seus amigos. E volta ao relaxamento.

Assim que tiver esses três passos na cabeça e todas as vezes que forem necessárias, até perceber que já não precisa mais dos relaxamentos posteriores porque a angústia já não vem mais, é quando deve começar a dar os primeiros passos, mas agora na própria realidade, da mesma forma que o fez anteriormente na sua imaginação: primeiro passo e relaxamento; segundo passo e relaxamento; terceiro passo e relaxamento. Existe um percentual muito alto de resultados positivos, se continuamos o processo bem e com paciência.

A *inoculação de estresse*, na prática e sem adentrarmos nas nuances técnicas, coincide essencialmente com falta de sensibilidade sistemática: aprender a relaxar e depois atingir um estado de relaxamento quando o medo ou a ansiedade sobrevém. Mas nos traz mais um aspecto cognitivo, que consiste em deixar de lado os pensamentos irracionais e substituí-los por pensamentos racionais, como explicaremos a seguir ao falar sobre a depressão. Ou seja, a *inoculação de estresse* não procura somente o relaxamento, mas também a racionalidade no pensamento.

São notáveis os sucessos que foram alcançados com estes dois método em fobias muito frequentes, como o medo de voar, medo do dentista, a claustrofobia, o medo de falar em público, o medo das provas e as fobias com os animais.

Podemos dominar a depressão?

A depressão está se tornando uma verdadeira epidemia entre todos nós. Estatísticas dos Colégios dos Psicólogos asseguram que episódios sérios de depressão atingem 12% dos homens na Espanha e 25% das mulheres. Mas não porque elas sejam mais fracas, mas porque esquentam muito mais a cabeça com os problemas.

Essa profunda tristeza, que é a depressão e que, se continuar sua própria dinâmica, pode nos levar inclusive ao suicídio, é por causas muito diversificadas. Pode existir uma causa fisiológica, por exemplo falta de lítio ou uma falha na produção dos neurotransmissores. Pode ser por causa de um problema pessoal, antigo ou recente, ainda não solucionado. Pode surgir de algum problema externo, como uma doença grave, a perda de um ser querido, graves problemas financeiros ou familiares. Portanto, a depressão pode ter três causas bem diferentes: fisiológica, problema interno, problema externo. Mas em qualquer um dos casos mencionados, o resultado é o mesmo: depressão séria, falta de vontade de viver, um afundamento profundo da pessoa e uma falta de esperança no futuro, permeada de muita angústia.

O primeiro caso, o fisiológico, terá de ser resolvido evidentemente com o médico, com um tratamento adequado. Nos outros dois casos, se os sintomas forem graves, também será indispensável a consulta com um médico, ou seja, um psicólogo ou um psiquiatra. Mas nas situações menos graves, e que são as mais frequentes, os amigos podem ajudar a quem sofre. A técnica mais prática que pode ser aconselhada por não-profissionais é a terapia cognitiva de Beck[13]. Essa terapia consiste essencialmente no seguinte:

1°) Perceber que todo sentimento vai sempre precedido por um pensamento. Que os problemas não nos atingem diretamente e sim o que nós pensamos sobre esses problemas. Por exemplo, uma garota pode se sentir deprimida quando constata que o garoto de que ela gosta não a ama, mas é porque pensa que ela tem azar, ou que não consegue fazer com que os garotos sintam atração por ela, etc. Se ela pensasse: "É ele que está perdendo", superaria com humor a tristeza e não entraria em depressão. Os pensamentos que antecedem os sentimentos, às vezes, são muito fugazes e quase não os percebemos, mas sempre estão aí, antes que o sentimento apareça em nós. Os que são propensos à depressão, antes de entrar nela, costumam pensar o seguinte: "Não presto para nada, ninguém me ama, só dou azar na vida, melhor seria morrer de uma vez, tudo dá errado para mim".

2°) Cada vez que os sentimentos desagradáveis aparecerem (neste caso, a depressão), ou pelo menos cada tarde no final do dia, devo refletir bem devagar para descobrir quais foram os pensamentos que causaram em mim esses sentimentos. Identificá-los. Com certeza será um pensamento igual aos citados no parágrafo anterior.

3°) No começo, e durante seis ou sete dias, exercitar-nos para deixar de lado esses pensamentos. Atenção!, porque agora não estamos falando dos sentimentos, que são muito difíceis ou impossíveis de evitar: referimo-nos aos pensamentos prévios. Deixá-los de lado sem discutir sobre eles, sem questionar se são verdadeiros ou não. Deixá-los de lado, como deixamos de lado uma comida ou uma bebida que já sabemos que nos faz mal.

---

[13] BECK, A. *Terapia cognitiva de la depresión*. Bilbao: Desclée de Brouwer, 1983.

4°) Uma vez dominada a tática de deixar de lado esses pensamentos ou sentimentos, começar a última etapa desta terapia, que consiste em tentar mudar os pensamentos negativos por pensamentos positivos. Se o pensamento que nos chega, antes de cair em depressão, é "não presto para nada", aí não é só uma questão de deixá-lo de lado, mas de tentar mudá-lo para: "Eu presto sim para muitas coisas, por exemplo, para desenhar, cantar, ajudar, ou fazer uma *paella*, ou administrar um lar, ou levar minha carreira para frente..." Se o pensamento for: "Ninguém me ama", tentar mudá-lo para: "Os meus pais me amam, meu namorado, minha namorada me ama, tenho bons amigos há muito tempo". E assim por diante com os outros pensamentos.

Se continuarmos finalmente com esses quatro momentos, cada vez que um pensamento negativo nos invadir o espírito, já teremos aprendido a "esmagá-lo" e a mudá-lo por algo positivo, e aí o sentimento que virá não será a depressão, e sim a serenidade e a paz. É lógico que é mais fácil explicá-lo do que fazê-lo. Por isso, neste processo, nos seus quatro momentos, um bom amigo em quem confiamos plenamente pode nos ajudar muito. Isso tudo os nossos filhos e alunos deveriam sabê-lo muito bem, já que será de enorme valia para o resto da vida deles.

Psicologia ou filosofia?

Antes de terminar este capítulo e o livro, queremos mencionar o processo PEACE proposto por Marinoff [14] para solucionar os nossos problemas interpessoais. O autor começa seu famoso e mais conhecido livro *Mais Platão e menos Prozac*, com algumas afirmações muito radicais, como, por exemplo, que a época dos psicólogos e dos psiquiatras já era, porque somente se encarregam de analisar o passado, de arrumar passados patológicos e se esquecem do futuro. Diz que chegou a vez da filosofia, de procurarmos o sentido da vida que nos resta por viver, e não da que já se foi. Mais adiante, no seu livro, frisa essas afirmações e diz que, a psico-

[14] MARINOFF, L. *Más Platón y menos Prozac*. 6. ed. Barcelona: [s.e.], 2000.

logia pode ser um bom ponto de partida para uma terapia completa. Coincide em grande medida, com a "psicologia positiva", proposta por Seligman[15] e que vem da psicologia humanista de Rogers: não devemos olhar os clientes como se fossem doentes, nem os problemas como doenças, e sim nos concentrarmos em ajudar a todos a atingir essa vida plena e essa felicidade à qual todos temos direito.

Marinoff propõe o processo PEACE, que já está sendo utilizado por muitos "consultores filosóficos" na Europa e nos Estados Unidos. Essa palavra, que como sabemos, é PAZ em inglês, é um acrônimo que quer dizer o seguinte:

1°) O P indica o problema. Primeiramente, precisamos definir com exatidão o problema que estamos enfrentando, sem simplificá-lo, mas com cuidado para não complicá-lo sem necessidade. Pode ser um problema de trabalho, do casal, com os filhos, com os amigos, com a saúde, com os nossos anseios.

2°) Já definido o problema objetivamente e com uma certa frieza, devemos pensar quais emoções desperta em nós esse problema, como nos atinge, o que sentimos cada vez que pensamos nisso, ou que encontramos essa pessoa. É a letra E.

3°) Visto o problema e o conjunto de sentimentos que o permeiam, é chegada a hora de considerarmos todas as alternativas ou soluções possíveis. É a letra A. Não nos deixarmos enganar pela ideia de que não existe uma solução ou que a única solução seria uma solução violenta porque é a única que me vem à cabeça. Todo problema tem solução, mesmo que às vezes seja uma solução dura ou difícil. Todo problema tem várias soluções. Pensar nelas, sem pressa, deixando-nos ajudar por um amigo ou um conselheiro.

4°) Chegamos então à letra C, que quer dizer contemplação. É o momento em que o conselheiro ou o amigo nos pode indicar algumas ideias de um grande filósofo que tenha pensado em algum problema como o nosso. Se somos crentes, esta é a hora de lembrar do Evangelho (e da Bíblia de maneira geral), e ver qual é a ajuda que receberemos de Deus para resolver a nossa situação.

[15] SELIGMAN, M. *La autentica felicidad*. Barcelona: [s.e.], 2003.

5º) A letra E significa o Equilíbrio final. Assim que analisarmos o problema, e levando em conta as emoções que às vezes nos cegam, e contrabalançando todas as alternativas, deixando-nos iluminar pelos bons conselhos dos sábios, chegamos a uma decisão. Essa decisão deve produzir uma paz em nossos corações e, enquanto for possível, deverá deixar satisfeitos os outros. Assim deverá ser conquistado novamente o equilíbrio que tinha se perdido.

Marinoff critica as terapias psiquiátricas que se estendem durante meses e anos. Afirma que todo o processo PEACE pode ser concluído em pouquíssimas sessões e atingir excelentes resultados para a vida de qualquer um que o fizer. Como vemos com facilidade, esse método não está muito longe do que propomos ao longo deste livro.

Tomara que tudo o que dissemos nestas páginas possa ajudar um pouco os pais e os professores no seu difícil e esplêndido trabalho de educar. À guisa de conclusão, educar para a convivência, para a relação com os outros, pois é isso o que nos faz seres humanos.

BIBLIOGRAFIA

ARANGUEN, J.L. *Ética y política*. Madri: Guadarrama.

ARISTÓTELES. *Metafísica*. Madri: Gredos, 1990 [Edição trilíngue].

BACH, E. & DARDER, P. *Sedúcete para seducir*. Barcelona: Paidós, 2002.

BECK, A. *Thérapie cognitive de la dépression*. Bilbao: Desclée de Brouwer, 1983.

BÉCQUER, G.A. *Rimas*. 9. ed. Madri: Cátedra, 1982 [Rima XXX].

BUDA. Ver ELIADE, M. *Historia de las creencias religiosas y las ideas*. Vol. II. Madri: Cristiandad, 1979, p. 81ss.

CABALLO, V.E. *Manual de tecnicas de terapia y modificacion de conducta*. Madri: Siglo XXI, 1991.

CORTINA, A. *La ética de la sociedad civil*. Madri: Alauda, 1994.

CSIKSZENTMIHALYI, M. *Fluir, Flow*. Barcelona: Kairós, 1997.

DE BONO, E. *Enseñar a pensar*. Barcelona: Plaza y Janés, 1991.

______ *Pensamiento lateral*. Barcelona: Paidós, 1991.

______ *Seis sombreros para pensar*. Barcelona: Granica, 1988.

FARRINGTON, D. Ver GARRIDO & MONTORO. *La reeducación del delincuente juvenil*. Valencia: Tirant lo Blanch, 1992.

FUERSTEIN, R. & HOFFMAN, M. *Instrumental programa de enriquecimento*. Madri: Bruño, 1992.

FISHER, U. & PATTON, B. *Obtenga el sí*. Barcelona: Gestión, 2000.

FROMM, E. *El arte de amar* – El miedo a la libertad. 4 ed. Barcelona: Paidós, 1981.

GARDNER, H. *La inteligencia reformulada*. Barcelona: Paidós, 2001.

______ *Inteligencias múltiples*. Barcelona: Paidós, 1995.

______ *La mente no escolarizada:* cómo piensan los niños y cómo deberían enseñar las escuelas. Barcelona: Paidós Ibérica, 1993.

______ *Arte, mente y cérebro:* una aproximación cognitiva a la creatividad. Barcelona: Paidós Ibérica, 1993.

GARDNER, J. *O mundo de Sofia*. Madri: Siruela, 1994.

GIL, F. & LEON, J.M. *Habilidades sociales:* teoría, investigación e intervención. Madri: Síntesis, 1998.

GOLDSTEIN, A.P. *Habilidades sociales y autocontrol em la adolescencia*. Barcelona: Martínez Roca, 1989.

GOLEMAN, D. *Inteligencia emocional*. Barcelona: Kairós, 1996.

GREENBERG, M. *Paths*. Washington: Washington University Press, 1993.

GÜEL, M. & MUÑOZ, J. *Desconócete a ti mismo* – Programa de alfabetización emocional. Barcelona: Paidós, 1999.

HERSH, R. et al. *El crecimiento moral:* de Piaget a Kohlberg. 2. ed. Madri: Narcea, 1998.

KOHLBERG, L. *La educación moral segundo Kohlberg*. Barcelona: Gedisa, 1997.

______ *The Psychology of Moral Development:* moral stages and the life cycle. São Francisco: Harper and Row, 1984.

LE DOUX, J. *El cerebro emocional*. Barcelona: Ariel Planeta, 1999.

LIPMAN, M. *La filosofía en el aula*. Madri: De la Torre, 1992.

______ *Thinking in education*. Cambridge: Cambridge University Press, 1991.

LOCKE, J. *Ensayo sobre el sentido humano*. Madri: Orbis, 1985.

MACHADO, A. *Obras completas*. Madri: Espasa/Calpe, 1990 [Ver Provérbios e Cantares].

MAHOMA. Ver ELIADE, M. *Historia de las crencias e las ideas religiosas*. Vol. III. Madri: Cristiandad, p. 75-95.

MARINA, J.A. & LÓPEZ PENA, M. *Diccionario de los sentimientos*. Barcelona: Anagrama, 1999.

MARINOFF, L. *Pregúntale a Platón*. Barcelona: Círculo de Leitores, 2003.

______ *Más Platón y menos Prozac*. Barcelona: [s.e.], 2000.

MICHELSON, L. *Las habilidades sociales em la infancia*. Barcelona: Martínez Roca, 1987.

MORALEDA, M. *Educar la competencia social* – Un programa para la tutoría con adolescentes. Madri: CCS, 1998.

ORTEGA Y GASSET, J. *Escritos obre el amor humano*. Madri: Revista Occidente, 1940.

PASCUAL, A. *Clarificación de valores y desarrollo humano*. Madri: Narcea, 1995.

PIAGET, J. *El criterio moral en los niños*. Barcelona: Fontanella, 1971.

PLATÃO, A. *La República o el estado*. 12. ed. Madri: Espasa Calpe, 1975.

______ *Diálogos*. Austral/Madri: Espasa Calpe, 1972.

ROS, R.; FABIANO, E.; GARRIDO, V.; GÓMEZ, A. *El pensamiento pro-social*. Valencia: Cristóbal Serra Villalba, 1996.

SAVATER, F. *El valor de la educación*. Barcelona: Ariel, 1997.

______ *Ética para aficionados*. Barcelona: Ariel, 1993.

SEGURA, M. *Ser persona y relacionarse*. Madri: Narcea, 2002.

SEGURA, M. & ARCAS, M. *Relacionarmos bien*. Madri: Narcea, 2004.

______ *Educar las emociones y los sentimientos*. Madri: Narcea, 2003.

SELIGMAN, M. *Captura de optimismo*. Barcelona: Grijalbo, 1998.

SPIVACK, G. & SHURE, M.B. *Social adjustment of young children:* a cognitive approach to solving real-life problems. São Francisco: Jossey Bass, 1974.

TRIANES, M.V. et al. *Competencia social:* su educación y tratamiento. Madri: Pirámede, 1997.

TERESA DE ÁVILA. *Obras completas*. Madri: Espiritualidad, 1994.